口絵１　イコン「キリストの洗礼」（本文 20 頁参照）

口絵２　ドゥッチョ「使徒ペトロと使徒アンデレの召命」（本文 32 頁参照）

口絵3　エル・グレコ「悔い改める聖ペトロ」（本文62頁参照）

口絵4　イコン「十字架刑」（本文88頁参照）

口絵 5　フリッツ・フォン・ウーデ「最後の晩餐」（本文 98 頁参照）

口絵 6　ディルク・ボウツ「最後の晩餐」（本文 126 頁参照）

口絵 7　イコン「最後の審判」（本文 173 頁参照）

口絵 8 「パトモス島における聖ヨハネ」（本文 185 頁参照）

口絵９　ヤン・ファン・エイク「小羊への礼拝」(本文 205 頁参照)

口絵 10　ベアトゥス『ヨハネの黙示録注解』のシロス写本より
「ミカエルと竜と女」(本文 224 頁参照)

口絵11　ルター訳聖書1534年版より「大淫婦バビロン」(本文233頁参照)

口絵12　アルメニア語の写本1645年版より「新しいエルサレム」(本文244頁参照)

教会論と終末論

サクラメントと終末論を視野に入れた教会論

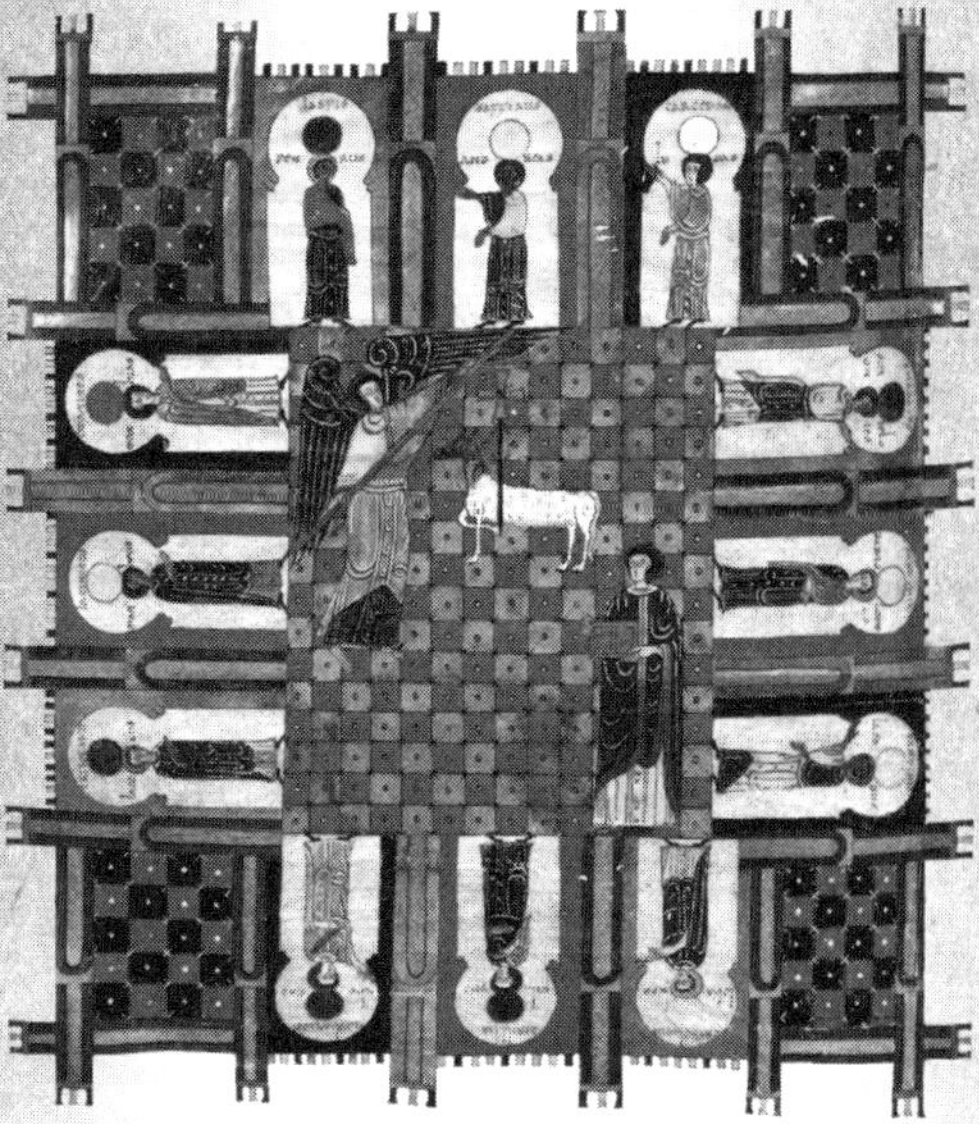

松田 央

新教出版社

目次

まえがき

執筆の動機と全体の構想

私は長年の研究と信仰の実践を通していつも大きな課題を抱いてきた。つまり、キリスト教信仰（以下、原則として「信仰」と省略する）の根本とは一体何であるのかということである。

率直にいって、この課題を完全に解決したわけではないが、これから述べることは、この課題に関する一つの基本的指針である。もちろん不十分な内容ではあるが、決して的外れなものではないはずである。

最初に全体的な結論をいうと、信仰の根本は福音（イエスの言葉と行動およびイエスに起こった出来事に関する喜ばしい知らせ）を信じて、それに従って生きるということである。すなわち、信仰にはイエスに従う、あるいはイエスの福音に従うという行動が伴う。行動を伴わない信仰は単なる観念になってしまう。

そしてこの行動は、具体的には教会生活を送り、教会の信徒と共に生きるということを意味する。信仰は神との関係において個人的な次元に属するが、同時に信徒同士の関係において集団的な次元にも属するのである。このように信仰には二つの側面がある。

したがって、本書では教会論の視点から改めて信仰の本質について論考する。その際、教会の使命というものが重要な要素を占める。それはイエス・キリストの福音を世の人々に伝えるということである。「日本基督《キリスト》教団信仰告白」においても「教会は公の礼拝を守り、福音を正しく宣《の》べ伝え、……」と宣言されている。

しかし肝心の福音の本質的内容については、必ずしも信徒の間で明確であるわけではない。そこで最初にこの問題について正確に解明していく必要がある。

その際、キリスト論についても考察しなければならない。キリスト論とは、イエスの神性に関する議論である。もしもイエスがキリスト、すなわち、神から遣わされた救い主であるならば、人性（人間性）を超えた神性を持っているはずである。

しかし他方で、新約聖書によれば、イエスは私たちと同じように人性を備えている。果たしてイエスの人格の内で神性と人性が矛盾なく共存しうるのであろうか。このような議論がキリスト論であるが、堅実な教会論は適切なキリスト論を基礎にしている。

またイエスが宣教している福音には終末論が含まれている。この終末論は初代教会において継承され、教会の宣教の重要な要素になっている。そのことはパウロの手紙などからも明白であり、本格的な終末論はヨハネの黙示録において壮大なスケールで展開されている。したがって、終末論を視野に入れない教会論は成立しない。

本書ではまず福音書におけるイエスの伝道活動について論考し、またイエスが形成した弟子集団と教会の起源との関係を検討する。そして最後にヨハネの黙示録の解釈を通して終末論の本質を明らかにする。

なお断りのない限り、聖書は『聖書　新共同訳』（日本聖書協会）を用いる。

第一章　イエス・キリストの福音の初め

この章では新約聖書全体における福音の位置づけを確認し、福音という視点からイエス・キリストの言葉と行動と本質について考察する。

第一節　福音の歴史的背景

福音を理解するためにはマルコ福音書をテキストにすることが適切であろう。この福音書は、「神の子イエス・キリストの福音の初め」（一・一）という言葉で始まっている。すなわち、福音こそがキリスト教のメッセージ（使信）の本質なのである。

新約聖書の原典はギリシア語で書かれているが、「福音」の原語は「エウアンゲリオン」εὐαγγέλιον である。これは「喜ばしい知らせ」「良い知らせ」という意味である。要するに吉報のことである。

なお福音を意味するラテン語の「エーワァンゲリウム」evangelium（教会ラテン語では「エーヴァンゲリウム」）や英語のevangelは、「エウアンゲリオン」から形成された単語である。

そこで「神の子イエス・キリストの福音」とは、神から遣わされたキリスト（救い主）であるイエスの喜ばしい知らせを意味する。ここで留意しなければならない点がある。

第一にイエスが語る言葉の本質は、宗教的道徳や倫理ではない。況《いわん》や哲学的な思想でもない。もとよりマタイ福音書における「山上の説教」のように、イエスの言葉を道徳的教えとして解釈することもできよう。しかし、その場合にもまず、それらの言葉を喜ばしい知らせという視点から読解することが求められている。

第二に「イエスの福音」とは、イエスが福音の源であるということであり、それゆえ、イエスが語る言葉が福音になる。さらに言葉のみならず、イエスに関する出来事（イエスの救済活動）全体が福音なのである。

さてマルコ福音書一章二～三節には次のように書かれている。

預言者イザヤの書にこう書いてある。「見よ、わたしはあなたより先に使者を遣わし、あなたの道を準備させよう。荒れ野で叫ぶ者の声がする。『主の道を整え、その道筋をまっすぐにせよ』」。

マルコはここで、出エジプト記二三章二〇節、マラキ書三章一節、イザヤ書四〇章三節の言葉を自由に結合している。

またマルコ福音書全体の主題である福音は、基本的に旧約聖書、なかんずくイザヤ書の預言に基づく用語である。たとえばイザヤ書五二章七節では「いかに美しいことか、山々を行き巡り、良い知らせを伝える者の足は。彼は平和を告げ、恵みの良い知らせを伝え、救いを告げ、あなたの神は王となられた、とシオンに向かって呼ばわる」と書かれている。そしてこの預言は、バビロン捕囚の末期、すなわち、紀元前五百年代の後半に書かれたと考えられている(1)。

ここからわかるように、「良い知らせ（福音）」は、イスラエルの神が王になるという知らせであり、それは神から遣わされた使者を媒介にして民衆に伝えられる。またイスラエルの神が王になるということは、神が歴史に介入し、人間の救いのためにこの世で働くということである。イスラエルの歴史は、救済史であり、神の救済の「場」である。

そしてこのような旧約聖書の歴史観は、新約聖書に継承され、イエスを中心にした出来事が神の救済史を形成したのである。まさにイザヤが預言したメッセージは、五百年以上の歳月を経て、漸《ようや》くイエスの活動において成就した。マルコはこのことを旧約聖書の言葉を引用しながら、証言しているのである。

ただしイエスの公の活動が始まる前に先駆者が登場しなければならなかった。「見よ、わたしはあなたより先に使者を遣わし、あなたの道を準備させよう」（マルコ一・二）。すなわち、「わたし」とは神であり、「あなた」とはメシア・イエスのことであり、また「使者」とは洗礼者ヨハネ（バプテスマのヨハネ）を指す。

果たしてヨハネが、イエスよりも前に荒れ野で現れて、罪の赦しを得させるために悔い改めの洗礼（バプテスマ）を宣べ伝えた（同一・四）。彼の行動の目的は、メシアの道を準備することであった。ちなみにヨハネは、「わたしよりも優れた方《かた》（メシア）が、後から来られる。わたしは、かがんでその方の履物のひもを解く値打ちもない」と語っている（同一・七）。

ルカ福音書の報告によれば、ヨハネはローマ皇帝ティベリウスの治世の第一五年に活動を開始した（三・一）。これは紀元二八～二九年頃であろう（ティベリウスの在位は紀元一四～三七年）。イスラエルは当時、ローマ帝国の支配下にあった。

ちなみに彼が行った「悔い改めの洗礼」という儀式は、イエスの受洗（洗礼を受けること）を経由して、キリスト教に継承されていった。

第二節　イエスの受洗における福音

さらにマルコの報告を続ける。

そのころ、イエスはガリラヤのナザレから来て、ヨルダン川でヨハネから洗礼を受けられた。水の中から上がるとすぐ、天が裂けて〝霊〟が鳩のように御自分に降って来るのを、御覧になった。すると、「あなたはわたしの愛する子、わたしの心に適う者」という声が、天から聞こえた。（一・九～一一）

ルカの報告によると、イエスはベツレヘムで生まれた（二・四～七）。ベツレヘムはユダヤ（パレスチナの南部）の町であった。その後イエスの両親は、ガリラヤ（パレスチナの北部）のナザレという村に戻ったようである。それゆえ、慣例的にイエスは「ナザレのイエス」と呼ばれる。イエスが洗礼者ヨハネから洗礼を受けたことは、マルコ福音書のほかに、マタイ福音書、ルカ福音書にも報告されている。ヨハネの思想に従うと、人間は神の前に罪を犯しているから、悔い改めて、神の赦しを受けねばならない。そのための意思表示として洗礼を受ける必要がある。しかし、もしもイエスが真のメシアであるならば、罪はなく、悔い改める必要がないから、洗礼を受ける必要もないはずである。

推測するに、イエスの受洗の記事は、キリスト教会（以下、「教会」と省略する）にとって極めて不都合な事柄であったに違いない。というのも、イエスが受洗したということは、イエスはメシアではなく、単なる普通の人間であったのではないかという疑いを引き起こすからである。しかし教会はあえて、イエスの受洗の記事を削除しなかった。おそらく教会はこの記事が史実であるということを確信していたから、これを忠実に後世に伝えることが重要であると考えたのであろう。

それではなぜイエスは、ヨハネから洗礼を受けたのであろうか。まず第一にヨハネの運動に賛同するためである。ヨハネは悔い改めの意思表示として人々に洗礼を受けることを勧めた。悔い改めとは、神に背を向けていた生活を改め、生き方を神の方向へと一八〇度、転換することである。そしてイエス自身も人々が悔い改めることを求めていた。事実、イエスは福音伝道の開始において悔い改めて福音を信じることを勧めている（マルコ一・一四〜一五）。

第二にイエスは当時のユダヤ人と共に生きることを望んでいた。つまり、イエス自身は罪がなかったが、民衆の罪の生活から離れて生きようとはしなかった。イエスは正しい人間であったが、決して一般の民衆から孤立してはいなかった(2)。そこで人々が悔い改めの洗礼を受けるために、率先垂範《そっせんすいはん》してヨハネから洗礼を受けたのである。

第三にイエスはこの世の生涯において普通の人間のように生きた。イエスには人間の肉体のみならず、人間の心と理性も存在していた。それゆえ、イエスは人間的弱さをも引き受けたのであるから、最初から罪を免れる「免疫」があったわけではない。むしろイエスは完全な人間になることを目指して、信仰の修練を積み重ねていった（ヘブライ五・八〜九）。そして悪魔の誘惑などを克服することによって「完全な者」（マタイ五・四八）の模範を示した。そのためには普通の人間として洗礼を受ける必要があった。そしてこの行動は神の意志にかなっていたので、天が裂けて聖霊がイエスの上に降下したのである。この出来事は、イザヤ書三二章一五節、四二章一節などにおける預言の成就を意味する。

ここからわかるように、イエスの洗礼は、神の新たな救済活動を引き起こす決定的な出来事になった。


（口絵1）イコン「キリストの洗礼」では聖霊がキリストに降下し、ヨルダン川の水は透明になっている。これはキリストの洗礼（受洗）によって全世界の水が清められ、また人間も神の子として清められることを意味する。

第三節　新しいイスラエル

以上の考察からわかるように、イエスの受洗は、罪の悔い改めの告白ではなく（自分の救いのための儀式ではなく）、まさに神の子としての愛の宣言であった。イエスはこれからの自分の生涯をもっぱら人々のために捧げる決心をした。イエスの受洗とは、この決意表明のしるしである。

そして受洗の後、天が裂けて霊、すなわち、聖霊が鳩のようにイエスの上に降ってきた。古代ユダヤ教の思想によると、鳩はイスラエル共同体の象徴である。すなわち、ここでは旧約時代のイスラエルに替わって新しいイスラエルが神によって樹立されるということが暗示されている。これはキリストを中心にした信仰共同体、つまり教会である。(3) ここで聖霊の働きによる教会の誕生が神によって宣言されたのである。これも福音の要素である。

なお従来の通説によると、キリスト教（教会）の樹立はイエスの復活・昇天の後のことである。歴史的に見れば、確かにその通りである。しかし、マルコの思想によれば、教会の原型はすでにイエスの活動によって生じている。イエスを代表にした弟子たちの集団は、後の教会の前身になっている。

「あなたはわたしの愛する子、わたしの心に適う者」という神の声は、詩編二編七節とイザヤ書四二章一節を結合した言葉である。前者は神から生まれる神の子を預言している。また後者は神の意志と一致し、神の使命を果たすために聖霊を受けたしもべ（神のしもべ）を預言している。そしてイエスこそ旧約聖書で預言された神の子であり、神のしもべである。

ただしここでマルコは、同時に旧約のパラダイム（特定の時代における思想の枠組み）を超えた「神の子」という概念を考えている。(4)「愛する子」における「愛する」の原語は、ἀγαπητός（アガペートス）であるが、これは「かけがえのない」あるいは「唯一の」という意味を含む。ヨハネ福音書ではイエスは（神の）独《ひと》り子である（三・一六）。ちなみに旧約聖書では、神の子はイスラエルの民（ホセア一一・一）や天使（ヨブ三八・七）を意味する。いずれも神の本質を持つ存在ではない。

ここでイエスは神の唯一無比の子であるということが宣言されているのであり、人間を超えた存在であることが確認されている。したがって、古代の養子論のようにイエスは受洗後にはじめて神の子となったのではない。イエスは生来、神の子であり、神学的に解釈すれば、神性を有する者であった。

「あなたはわたしの愛する子」という言葉は、山上の変貌の記事では、「これは私の愛する子」という言葉として再現されている（マルコ九・七）。この記事においてイエスの栄光が明確に啓示されているが、ここでもイエスが神の唯一無比の子であることが宣言されているのである。

さてイエスは受洗の後、すぐに活動を開始するのではなく、聖霊に導かれて、四十日間、荒れ野に滞在した。それはサタンの誘惑を受けるためであった（マルコ一・一二～一三）。「四十日間」という期間は、おそらく旧約時代の預言者モーセやエリヤに関する出来事を前提にしているのだろう。モーセは神の啓示を受けるために四十日四十夜、シナイ山に留まった（出エジプト二四・一八）。またエリヤは四十日四十夜歩き続け、神の山ホレブに着いた（列王上一九・八）。ホレブはシナイ山のことであると考えられている。

また「荒れ野」は洗礼者ヨハネが悔い改めの洗礼を宣《の》べ伝えた場所である。イエスはヨハネの活動方針に賛同して、彼から洗礼を受けた。つまり、荒れ野はヨハネとイエスの活動を結合する媒介になっている。神の福音は、すでにヨハネから始まり、イエスに受け継がれていくのである。

さらに旧約の文化によれば、荒れ野は神によって破壊され、呪われた土地であり、悪い霊や獰猛《どうもう》な野獣が住む世界である（レビ一六・一〇、イザヤ一三・二一～二二）。したがって、マルコの記事においても荒れ野はサタンの力が充満している恐るべき世界である。

なお荒れ野の誘惑の記事は、マタイ福音書（四・一～一一）とルカ福音書（四・一～一三）にもある。しかしマルコはこれら二つの福音書とは異なる視点から荒れ野の誘惑の物語を報告している。

まずほかの福音書にはいずれもイエスが断食したという記述があるが、マルコ福音書にはそれがない。マルコはここでイエスの禁欲的生活よりも神に敵対するサタンとの対決を強調しているからである。

またほかの福音書によると、サタンは三回、誘惑の言葉をイエスに語りかけているが、マルコ福音書にはサタンの言葉は書かれていない。さらにほかの福音書によると、イエスは悪魔の誘惑に打ち勝って、悪魔を退けた（ただしルカの報告によると、悪魔は時が来るまでイエスを離れた）。これに対して、マルコは、イエスが荒れ野でサタンに打ち勝ったのかどうかを明確にしていない。

このような分析から次のことがわかる。すなわち、マルコにとってサタンの言葉の内容よりも、サタンの力の存在が重要なのである。またイエスとサタンとの戦いはまだ荒れ野では決着が付かない。つまり、この戦いはイエスの宣教活動全体を通して継続していくのである。マルコがいいたいのはそのようなことである(5)。

さらにマタイの報告によると、悪魔がイエスから離れ去ってから、天使たちがイエスに仕えている（四・一一）。つまり、荒れ野ではイエスは独力で悪魔と闘っている。これに対して、マルコの報告によると、すでに荒れ野の四十日間において天使たちがイエスに仕えていた（一・一三）。この短い記述は非常に重要な意味を含んでいる。すなわち、受洗後聖霊の力を受け、神の声を聞き、天使に守られているイエスは、まさに神の勢力を代表する者として登場している。そして荒れ野において悪の勢力を代表するサタンと対決するのである。この戦いは十字架の出来事に至るまで続くと考えられる。

言い換えると、マルコの思想によると、荒れ野は特定の場所ではなく、神の力とサタンの力が熾烈に激突する世界である。イエスの宣教活動は、まず悪霊との戦いから始まる（一・二一～二七）。そしてこの戦いは今日の教会にも継承されている。

第四節　伝道の開始

1　神の国

改めて確認するが、教会そのものはイエスの十字架と復活・昇天の後に成立した。使徒言行録の報告によると、イエスが昇天した後、ペンテコステの日に聖霊が弟子たちの集団に降臨した（二・一～四）。歴史的に見れば、この出来事を契機として教会が成立した。

イエスは生前、教会という組織を創設しなかった。しかしもしもこの世におけるイエスの伝道活動がなかったならば、イエスに対する人々の信仰は生まれなかったはずである。その意味でイエスは教会の起源を構築したのである。それゆえ、教会論を正しく形成するためにはまずイエスの福音の本質を理解することが肝要である。それは次の通りである。

ヨハネが捕らえられた後、イエスはガリラヤへ行き、神の福音を宣べ伝えて、「時は満ち、神の国は近づいた。悔い改めて福音を信じなさい」と言われた。（マルコ一・一四～一五）

この文章は二つのモティーフから成り立っているが、いずれもイエスの活動と思想を理解するために不可欠なものである。教会はこれら二つのモティーフに基づいて福音を宣教しなければならない。

第一のモティーフは、「時は満ち、神の国は近づいた」である。「時」（カイロス）とは、「ちょうどふさわしい時期」「定められた時」を指す。つまり、神の救いを経験するのにちょうどふさわしい時期が到来したのである。

この時は世界の終末と関係している。「時が満ちた」ということは、終末の時の到来が現実化しているということである。もちろんイエスの宣教以来、まだ完全な終末は実現していない。しかしイエスの教えによると、終末は明日到来するかもしれないという可能性を秘めている。

イエスの出現を境にして歴史は根本的に変化した。主の日（終わりの日）は盗人のように襲来する（第二ペトロ三・一〇）。

そして「神の国」は、旧約思想に由来し、神が支配する世界を指し、神のみが王であり、統治者であるということが前提になっている。神の国は将来の主の日に実現し、その日には神が審判と救いを完成する（イザヤ一三・六、二五・六〜一〇）。

ただし「神の国は近づいた」ということは、すでに神の国が到来したということではない。神の国の到来そのものは、あくまで終末を待たねばならない。新約聖書では終末の出来事がより明確に示されている。すなわち、最初の天と最初の地は消滅し、新しい天と新しい地（新しいエルサレム・神の国）が天から降って来る（黙示録二一・一〜四）。

人間は自分の力や努力で神の支配する世界を招来することはできない。当時のユダヤ教の律法学者たちは、律法を忠実に守ることによって神の国を実現しようとした。しかしイエスの福音によれば、神の国はもっぱら神の恵みの力によってのみ現実化する。したがって、イエスは「何よりもまず、神の国と神の義を求めなさい」と教えている（マタイ六・三三）。

このように神の国そのものは到来していないが（この世では悪の力が跳梁跋扈《ちょうりょうばっこ》している）、イエスの福音を信じる者は、終末の前にすでにこの世で神の国の一部を垣間《かいま》見ることができるのである。そして、教会はこのことを視野に入れて、福音を宣教しなければならない。

第二のモティーフは、「悔い改めて福音を信じなさい」である。「悔い改める」の原語はμετανοέω（メタノエオー）である。これは「人生における考え方の根本をすっかり変える」「（福音に込められた）神の意志を受け入れ、キリストを自分の全生活の主として受け入れるという、神の前での生活態度の根本に関わる切り替えをする」「（神に）立ち戻る」(6)という意味である。つまり神に背を向けていた生活を改め、生き方を神の方向へと一八〇度、転換することである。そこで悔い改めは「回心」（conversion）とも呼ばれている。

ちなみにローマ・カトリックの神学者ハンス・キュンク（一九二八～二〇二一）の所見によれば、生き方の転換とは「神のための根源的決断」である。「悔い改める」ということは、隠遁者になることではなく、また修道院に入ることでもない。イエスは世俗を離れることを要求しているのではなく、世俗に捕らわれないように、あらゆる心構えをしなければならないということを指示している。(7)

キュンクの所見を補足しながら説明すると、次のようになる。すなわち、私たちは普段無意識のうちに人間中心・自己中心の世界観を受け入れている。なかんずく近代以降の日本社会において、神は主体として登場しない。せいぜい「無病息災　家内安全」というご利益《りやく》を求める相手に過ぎない。

「悔い改める」ということは、このような世界観を打ち捨てて、神を主体とした世界観の内に生きるということである。つまり、信仰とは、単に神の存在を信じるということではなく、日常の生活において神を中心にして、神の命の内に生きるということである。

もちろん極度に世俗化した今日《こんにち》の日本社会において、このような生き方は容易なことではない。しかしそうであるからこそ、教会の存在意義が強調されねばならない。個人の信仰は弱いが、キリストを中心にした信仰共同体は、個人の弱さを克服しうるはずである。神は教会を媒介にして、世俗の攻撃・誘惑から個人を守る避難所・砦になる。

神はわたしたちの避けどころ、わたしたちの砦。苦難のとき、必ずそこにいまして助けてくださる。(詩四六・二)

最後に福音を信じるということであるが、福音の意味についてはすでに説明した。悔い改めは単に過去を振り返るということではない。将来に向けて福音の力によって生きるということでもある。果たして悔い改めてから福音を信じるのか、それとも福音を信じてから悔い改めるのか。一概には決められない。両者は相即不離《そうそくふり》の関係にあるといえるだろう。

2　弟子の召命

さてイエスは伝道の一環として弟子を呼び集めた。

イエスは、ガリラヤ湖のほとりを歩いておられたとき、シモンとシモンの兄弟アンデレが湖で網を打っているのを御覧になった。彼らは漁師だった。イエスは、「わたしについて来なさい。人間をとる漁師にしよう」と言われた。二人はすぐに網を捨てて従った。（マルコ一・一六〜一八）

このようにイエスは漁師であったシモンとアンデレに呼びかけて、弟子にし、その後ゼベタイの子ヤコブとその兄弟ヨハネも弟子にした。彼らも漁師であった（同一・一九〜二〇）。そのほかにも多くの弟子たちを集めて、その内で十二人を任命して、「使徒」と名付けた。またシモンはペトロと呼ばれるようになった（同三・一三〜一九）。そしてイエスを中心にした弟子集団こそが教会の起源である（もちろん組織としての教会はまだ成立していない）。

ところで新約聖書における教会の原語は ἐκκλησία（エクレーシア）である。エクレーシアは、古代ギリシアでは市民の集会や議会を指した。のちにこの用語が、キリスト教徒の集会の意味でも使われるようになった。

そしてプロテスタントの神学者エーミール・ブルンナー（一八八九～一九六六）が分析しているように、エクレーシアの起源は、イエスが漁師たちを弟子として選び、呼び集めたことにある。(8) ただしイエスの復活・昇天ののちにはじめてエクレーシアという用語が使われるようになったのであろう。ちなみにパウロは教会を「神のエクレーシア」と呼んでいる（第一コリント一・二、ガラテヤ一・一三）。

ここからわかるように、教会（エクレーシア）は、人間の願望や理想によって設立される組織ではない。それは、キリストが私たち各人に使命を与えるために、私たちを選び、呼び集めた結果として成立する集会である。

さらにキュンクが述べているように、エクレーシアは集められた共同体それ自体であると同時に、現に「集まる」という動作そのものを意味する。(9) すなわち、イエスの十字架の死によって、弟子たちの集団は一度離散したが、イエスの復活の出来事によって、再び集まったのである。

そして今日においても、キリストの福音を信じる者は、神を礼拝し、神の国を経験するために毎週日曜日ごとに集まるのである。

（口絵2）ドゥッチョ「使徒ペトロと使徒アンデレの召命」では、作家はイコンの画法を基本にしつつ、人間描写や空間把握に現実感を抱かせるように工夫している。イエスは神の子としての威厳を持ちながら二人の漁師を招いている。

第五節　イエスの神性

1　新約聖書の証言

教会はイエス・キリストの十字架と復活の出来事を基礎にして成立した。すなわち、使徒たちはイエス・キリストを信仰と礼拝の対象にした（マタイ二八・一七、ヨハネ二〇・二八、使徒一六・三一、ローマ一六・二七、第二コリント一三・一三）。これを契機にして使徒たちは、ユダヤ教から次第に分離していく。

キリストを信仰の対象にするということは、キリストに神性があるということを認めることである。それに関して新約聖書には次のような証言がある。

言《ことば》は神と共にあった。言は神であった。（ヨハネ一・一）

（「言」の原語はロゴスであるが、これは神の言葉であり、キリストのことである。）

いまだかつて、神を見た者はいない。父のふところにいる独《ひと》り子である神、この方が神を示されたのである。（同一・一八）

キリストは、万物の上におられる、永遠にほめたたえられる神、アーメン。（ローマ九・五）

御子は、神の栄光の反映であり、神の本質の完全な現れであって、万物を御自分の力ある言葉によって支えておられますが、人々の罪を清められた後、天の高い所におられる大いなる方の右の座にお着きになりました。（ヘブライ一・三）

わたしたちは知っています。神の子が来て、真実な方を知る力を与えてくださいました。わたしたちは真実な方の内に、その御子イエス・キリストの内にいるのです。この方こそ、真実の神、永遠の命です。（第一ヨハネ五・二〇）

2　ケノーシス

キリストにおける神性は、フィリピ書二章六～九節において神学的に展開されている。今から述べることは、かなり高度な聖書の釈義を含んでいるが、新約聖書における福音を正しく理解するためには避けて通れないポイントである。是非飛ばさずにお読みいただきたい。

キリストは、神の身分でありながら、神と等しい者であることに固執しようとは思わず（六節)、かえって自分を無にして、僕《しもべ》の身分になり、人間と同じ者になられました。人間の姿で現れ(七節)、へりくだって、死に至るまで、それも十字架の死に至るまで従順でした(八節)。このため、神はキリストを高く上げ、あらゆる名にまさる名をお与えになりました(九節)。

フィリピ書の著者はパウロであるが、実は、彼は自分自身が受けた原始キリスト教の伝承を用いて、この文章を書いている。この伝承はヨハネ福音書(洗足の記事)にも応用されている。率直にいって、以上の新共同訳聖書の翻訳は不正確である。そこで原典のギリシア語聖書に当たりながら、原文の本来の意味を解明する。

まず六節と七節の「神の身分」と「僕の身分」という語句について。原文は μορφὴ θεοῦ(モルフェー　テウー)および μορφὴ δούλου(モルフェー　ドゥールー)である。「モルフェー」は「形」「姿」「外観」、「テウー」は「神の」、「ドゥールー」は「奴隷の」という意味である。つまり、キリストは本来、神の形を持っていたが、奴隷の形をとったという意味である。「モルフェー」には身分という意味合いは全くないことに注意すべきである。有力な注解書ではいずれも「モルフェー」は「形」として解釈されている[10]。

ただし「モルフェー」は単なる形ではなく、内的で本質的なものを含む形・姿を指す。すなわち、キリストは本来、神の本質としての形・姿を持っていたというように解釈することができる。

それではなぜ形が本質を含むのか。ちなみに古代ギリシア哲学（特にアリストテレス哲学）によると、形こそが与えられた現実を真に特徴付ける。今そこに存在している形においてこそ本質や実体が現れているということである。

たとえば一本の楠《くすのき》という大木があるとする。楠の本質は、その形状（幹、枝、葉などの形状）以外には現れないから、本質と形が不可分になっている。もちろん神自身は、不可視であるから（コロサイ一・一五、第一テモテ一・一七）、神の形というものは、人間の知覚で把握されるものではない。それは人間の認識能力を超えたところの形、つまり、神の本質・実体を完全に表現する特別な形を指しているのだろう。

なおキリストが奴隷（しもべ）の形をとったというのは、キリストが奴隷の外観を持っていたということではない。この場合の形とは、「生き方」「根本的態度」を指しているのだろう。すなわち、キリストは文字通り奴隷の身分になったということではなく、（比喩的に）奴隷のように人々に仕える生き方を生涯にわたって貫徹したということである。

また六節の「神と等しい者であることに固執しようとは思わず」という文章であるが、原文は非常に難解で奇妙な文章であり、翻訳が極めて困難である。そこであえて原語を交えながら訳すと、「神に等しいことをἁρπαγμός（ハルパグモス）として考えず」という文になる。

「ハルパグモス」という単語は、「強奪」「強奪品」「手放したくない獲物」というような意味である。そうすると、六節は「キリストは、神の形・本質でありながら、神に等しいことを強奪（手放したくない獲物）とは考えなかった」というように訳すことができる。しかしこれではまだ意味が通じない。

新約学者ゴードン・フィーの釈義によれば、「ハルパグモス」をむしろ「捉えること」「つかむこと」というように動詞的意味として理解すべきである。[11] ちなみに古代ローマ世界では、有力者たちは軍事力や権謀術数などを背景にして権力を「捉えること」「つかむこと」によって皇帝（カエサル）になろうとし、またその地位に留まろうとした。

しかし、キリストの生き方は、そのような人生観とは全く反対のものである。キリストにとって神に等しいということは、神性を自分のためにつかむことや保持することではなく、むしろそれを人々に与えることである。キリストは、この世において神に等しいという自分の本質に執着しようと思わず、その反対に自分の本質を人々の救いのために注ぎ出そうとした。「神に等しいことを強奪（手放したくない獲物）とは考えなかった」とはそのような意味である。

そしてこのような生き方は、七節の「自分を無にして」という行いと密接に関連している。「無にする」の原語は、κενόω（ケノオー）という動詞である。これは「空《から》にする」「神に等しいことを傍らに置く」「無力にする」というような意味を含む。

ただしキリストは、人間になることによって神性を完全に放棄したということではない。福音書の記事によれば、キリストは多くの奇跡を起こし、山上で栄光の姿を現した。また最終的にサタンに打ち勝った。それゆえ、本来の神性は、地上の生涯においてもキリストの内に秘められていたのである。

そこでこの場合の「ケノオー」とは、（人間のために神性を）惜しみなく全部注ぎ尽くしてくださった(12)」というような内容を含んでいる。

さらにのちの時代に、「ケノオー」という動詞をもとにして「ケノーシス」κένωσις という神学用語ができた。これは自分を空虚にするということを示しているが、神性の完全な放棄を意味しない。ケノーシスは、人間の救済のために人間にとって有益な神の在り方を端的に示している。キリストの神性は、人間にもわかる次元において現れたということである。

すなわち、キリスト教において神性とは、神の自己犠牲の愛であり、人間のために自分の命を与えるということである。このような愛は、キリストの十字架という歴史的出来事において最も明確に表明された。これこそが福音（喜ばしい知らせ）の本質である。

神は、独《ひと》り子を世にお遣わしになりました。その方によって、わたしたちが生きるようになるためです。ここに、神の愛がわたしたちの内に示されました。（第一ヨハネ四・九）

以上のように、新約聖書ではすでにイエスの神性が証言されているが、後の時代に教会は公会議においてイエスの神性を正式に決定した。最初の公会議は第一ニカイア公会議（三二五）であり、そこではキリストの神性に関する議論が行われ、ニカイア信条（イエス・キリストは神からの神、光からの光、真の神からの真の神であって、父と同質である）が決定された。それによってイエスの神性を認めないアレイオス派は異端となった。

また第一コンスタンティノポリス公会議（三八一）でニカイア信条の正統性が確認され、コンスタンティノポリス信条が決定された。つまり、子は父から生まれ、まことの神からのまことの神であるとされた。また聖霊の本質も確認され、聖霊は父から出て、父と子とともに礼拝されるべきであるとされた。

第二章　教会論概説

第一章で実質的に教会論についても論考してきたが、本章で改めて教会の真実の在り方について探究する。それによって福音の本質を再検討する。キリストを信じるということは、教会という群れの一員になることを意味している。教会論のない信仰論はあり得ない。

第一節　真実の教会の起源と本質

1　教会の起源

すでに第一章で述べたように、新約聖書における教会の原語はἐκκλησία（エクレーシア）である。エクレーシアは、古代ギリシアでは市民の集会や議会を指した。のちにこの用語が、キリスト教徒の集会の意味でも使われるようになった。そしてエクレーシアの実質的起源は、イエスが漁師たちを弟子として選び、呼び集めたことにある。ただしイエスの復活・昇天ののちにはじめてエクレーシアという用語が使われるようになったのであろう。ちなみにパウロは教会を「神のエクレーシア」と呼んでいる（第一コリント一・二、ガラテヤ一・一三）。

さらにエクレーシアは、集められた共同体それ自体であると同時に、現に「集まる」という動作そのものを意味する。すなわち、イエスの十字架の死によって、弟子たちの集団は一度離散したが、イエスの復活の出来事によって、再び集まったのである。復活したイエスは、弟子たちに次のような使命と慰めを与えた。

「わたしは天と地の一切の権能を授かっている。だから、あなたがたは行って、すべての民をわたしの弟子にしなさい。彼らに父と子と聖霊の名によって洗礼を授け、あなたがたに命じておいたことをすべて守るように教えなさい。わたしは世の終わりまで、いつもあなたがたと共にいる」。（マタイ二八・一八～二〇）

繰り返しになるが、エクレーシアは、人間の願望や理想によって設立される組織ではない。それは、キリストが私たち各人に使命を与えるために、私たちを選び、呼び集めた結果として成立する集会である。

さらにエクレーシアは聖霊の力に満たされ、聖霊によって導かれる信徒の共同体である。それゆえ、エクレーシアの正式な成立は、ペンテコステにおける聖霊降臨の出来事から始まる（使徒一・八、二・一〜四）。

2　キリストの体

キリストの体としての教会

真実の教会の定義とは何であろうか。端的にいうと、それは「キリストの体」である。パウロはコリントの教会の信徒に対して「あなたがたはキリストの体であり、また、一人一人はその部分です（第一コリント一二・二七）と語っている。

すなわち、真実の教会とは、宗教制度や宗教組織ではなく、キリストという体につながっている信徒の集合体である。信徒各人の外側に教会という制度・組織が客観的に存在しているというわけではない。ちなみにGemeinde（ゲマインデ）というドイツ語には、信者全体、礼拝の会衆という意味がある。「ゲマインデ」は真実の教会の在り方を表現しているといえる。

そしてこのような教会の概念は、洗礼、聖餐などの活動によって現実化する。洗礼を受けた者は、新しい自己として生まれ変わるが、この新しい自己は新しい体であるキリストの命に包まれている。聖書では洗礼を受けた者は、「キリストを着ている」（ガラテヤ三・二七）という言葉で表現される。
そしてパウロは、「一つの霊によって、わたしたちは、ユダヤ人であろうとギリシア人であろうと、奴隷であろうと自由な身分の者であろうと、皆一つの体となるために洗礼を受け、皆一つの霊をのませてもらったのです」（第一コリント一二・一三）と教えている。またキリストとの一体化という経験は、聖餐において継続反復し、この経験を通して一体化の境地はいよいよ深まっていく。

わたしたちが神を賛美する賛美の杯は、キリストの血にあずかることではないか。わたしたちが裂くパンは、キリストの体にあずかることではないか。パンは一つだから、わたしたちは大勢でも一つの体です。皆が一つのパンを分けて食べるからです。（同一〇・一六～一七）

アラン・リチャードソンの解釈によれば、復活したキリストは「多なるもの」をその復活の体の内に含む「一つなるもの」である。すなわち、キリストは、地上のイエスの時代には一人の人格であったが、復活・昇天後は、すべての信徒を含む集合的人格（Corporate personality）になったのである。パウロが宣教している「キリストの体」とはまさにそのような意味である。(13)エクレーシアがキリストの体であるというのは、単なる比喩的表現ではなく、事実そのものを表している。これは実に驚くべき現象である。

体（ソーマ）の概念

私たちはエクレーシアという信徒の交わりの内にキリストの体を経験する。キリストの体は具体的な人格であり、また具体的な命でもある。体を意味するギリシア語は「ソーマ」σῶμαであるが、これは精神や魂に対立する言葉ではなく、人間存在全体を意味する術語である。

そもそもヘブライ思想によれば、体という言葉で人格全体を表している。パウロは、「自分の体を神に喜ばれる聖なる生けるいけにえとして献げなさい。これこそ、あなたがたのなすべき礼拝です」（ローマ一二・一）と勧めている。これは信徒が自分という存在全体を神に捧げるということを示している。

またパウロは、「あなたがたの体は、神からいただいた聖霊が宿ってくださる神殿であり、あなたがたはもはや自分自身のものではないのです」（第一コリント六・一九）と教えている。

ここで注意しなければならないことがある。パウロは、「あなたがたの心（魂・精神）は聖霊が宿る神殿です」とはいっていないということである。キリスト教においてもしばしば神は人の心の内に存在するというような教えが説かれる。しかしこれは必ずしも聖書の思想に基づく教えではない。聖書には本来、心（魂・精神）と体を明確に区分するという概念はない。というのも、生きた心（魂・精神）には必ず体が伴うという思想が聖書の人間論であるからである。

罪人の集まり

ところで「エクレーシアはキリストの体である」というパウロの教会論は、単なる観念論から生じた思想ではない。それどころか、彼の深刻な罪責意識から生まれたものである。

パウロは若い頃、ユダヤ教のファリサイ派に属し、トーラー（律法）を守ることに熱心であった。彼の目にはキリスト教徒はトーラーと神殿を破壊する罪人《つみびと》と映ったのだろう（ガラテヤ一・一三～一七、使徒六・一三）。ところがキリスト教徒を迫害するためにダマスコに行く途上で彼は突然、復活したキリストに出会った（使徒九・一～九）。

サウロ（パウロ）が旅をしてダマスコに近づいたとき、突然、天からの光が彼の周りを照らした。サウロは地に倒れ、「サウル、サウル、なぜ、わたしを迫害するのか」と呼びかける声を聞いた。「主よ、あなたはどなたですか」と言うと、答えがあった。「わたしは、あなたが迫害しているイエスである。起きて町に入れ。そうすれば、あなたのなすべきことが知らされる」。

このような劇的な「回心」を経験した後、パウロはキリストの迫害者からキリストの使徒へと生まれ変わったのである。

ここで復活したキリストはパウロに対して、「わたしは、あなたが迫害しているイエスである」と語っている。キリストにとってエクレーシアは自分自身の体である。エクレーシアを構成する信徒各人の苦しみはキリスト自身の苦しみである。したがって、パウロがキリスト教徒を迫害したことは、キリスト自身を迫害したことになった。

ペトロの罪責意識の原点はキリストとの関係を三回否定したことであるが、パウロのそれはキリストを迫害したことであった。彼は自分のことを「わたしは、神の教会を迫害したのですから、使徒たちの中でもいちばん小さな者であり、使徒と呼ばれる値打ちのない者です」（第一コリント一五・九）と評価している。これはまさにキリストを迫害したことへの懺悔《ざんげ》の気持ちから出た言葉である。このような罪責意識は、ペトロやパウロに特有のものではない。そうではなく、キリストにつながるあらゆる者は、例外なく自分の罪を悔い改めた者である。それゆえ、教会は罪人の集まりである。教会は毎週の礼拝においてすべての信徒の罪を神の前で告白し、赦しを願わねばならない。それによって教会は、罪が全人類に普遍的なものであることをこの世に証言するのである。

3　キリストの立場

ドイツの牧師ディートリヒ・ボンヘッファー（一九〇六～一九四五）の見解によれば、キリストの教会に対する立場は二重である。(14) 第一にキリストは教会の基礎（エフェソ二・二〇～二二、第一ペトロ二・四～七）であり、開始者（マタイ二八・一八～二〇、使徒一・八）であり、建築士（ヨハネ二・一九～二二）である。

第二にキリストは教会にとっていつも現実に存在している。教会はキリストの体であるから（ローマ一二・四～五、第一コリント一二・一二～二七、エフェソ一・二三）、キリストは教会の活動を通して自分自身が恒常的に生き続けることを啓示する。また教会の構成員である個々の信徒の信仰生活を通してキリストの現存は明らかになる。

そこでキリストは教会の内にあり（第一コリント三・一六～一七、第二コリント六・一六）、同時に教会はキリストの内にある（ヨハネ一四・二〇）。

ただしいうまでもなく、教会という組織がキリスト自体であるということではない。キリストの人格そのものは、死者の中から復活し、昇天してこの世にはいない（エフェソ一・二〇～二二）。教会がキリストの体であるという神学的命題は、無条件の絶対的真理ではなく、あくまで教会がキリストの意志に従い、キリストの栄光を現すという条件のもとではじめて真理になる。

もし教会がそのことを忘れるならば、教会はキリストの体であることをやめて、単なる世俗化した宗教団体に成り下がるだろう。

第二節　真実の教会の原則

1　四つの原則

以上のように、真実の教会はキリストの体であるということである。それではキリストの体であるためには、どのような原則が必要なのだろうか。結論からいうならば、それは「一つの教会、聖なる教会、普遍的な教会、使徒的な教会」という四つの原則である。これは「コンスタンティノポリス信条」（三八一）に明示されている。

私は一つの聖なる普遍的で使徒的な教会を信じる。私は罪の赦しのための一つの洗礼を承認する。(15)

それではこれらの原則は、聖書の使信（メッセージ）に一致するのだろうか。この問題に関しては、「アウグスブルク信仰告白」（一五三〇）が指導原理になるだろう。

一つの聖なる教会が永遠に継続すべきである。教会は聖徒（すべての信徒）の集まりであり、そこにおいて福音が正しく純粋に教えられ、サクラメントが福音に従って正しく執行される。(16)

これはルター派教会の信仰告白である。主としてフィリップ・メランヒトンによって起草され、マルティン・ルターの承認を得て、アウグスブルク国会で神聖ローマ皇帝カール五世に上程された。

「聖徒の集まり」というのは、聖なる教会を指す。したがって、プロテスタントの立場に立っても、一つの教会と聖なる教会という原則は守られるべきなのである。ただし、これらの原則はあくまで「福音が正しく純粋に教えられ、サクラメント（聖礼典）が福音に従って正しく執行される」という基準に従わねばならない。すなわち、聖書の福音が四つの原則よりも優越する規範なのである（サクラメントに関しては第三章以下を参照）。「普遍的な教会」と「使徒的な教会」も以下の理由により真実な教会の原則として認められる。なお本書では、一性、普遍性、聖性、使徒性の順番で論考する。

2　教会の一性

平和のきずなで結ばれて、霊による一致を保つように努めなさい。体は一つ、霊は一つです。それは、あなたがたが、一つの希望にあずかるようにと招かれているのと同じです。主は一人、信仰は一つ、洗礼は一つ、すべてのものの父である神は唯一であって、すべてのものの上にあり、すべてのものを通して働き、すべてのものの内におられます。（エフェソ四・三～六）

神が一人であるように、教会も本来一つであり、信徒の集まりと信仰と洗礼は一つのものである。またすでに学んだように、教会はキリストの体であるから、キリストが一人である以上、教会も本来一つのはずである。

しかしいうまでもなく、現実の教会は多くの教派に分かれているから、教会の多様性は認めざるを得ない。本書では教会の分裂に関する歴史的な問題には触れない。むしろハンス・キュンク(17)の見解を参考にして、この問題に関する四つの誤った考え方を指摘するに留める。

第一の考え方は、教会を見える教会（個々の教派）と見えない教会（教派を超えた本来の教会）に区別することである。すなわち、見えない教会は世界で一つであるが、見える教会としては多数あるというわけである。しかしそもそも、見えない教会に関する解釈は各教派によって異なっている。したがって、見えない教会は一つであるという考え方は、空中楼閣に等しい。

確かに真実の教会（本来の教会）は一つのはずである。しかしそれは古代のキリスト教の話である。東西教会の分裂（一〇五四）以降、一つの教会は現実にはない。第一の考え方は虚像に過ぎない見えざる教会をあたかも現実にあるかのような錯覚を起こさせるのである。

第二の考え方は、教会の分裂は神の計画によるものであるという思想である。しかしこのような考え方は新約聖書のどこにも記述されていない。教会分裂は神のわざではなく、人間のわざに過ぎない。

第三の考え方は、第二のそれに類似しているが、分裂している教派を一本の樹木の枝分かれとして説明するものである。しかし、キリスト教史を少し学べばわかるように、各教派は相互に対立し、憎み合ってきた。このような考え方は、結局の所、教会の分裂状態の現状を正当化し、教会合同の試みを妨げる要因になってしまう。

第四の考え方は、自分が所属する教派の正統性だけを認めて、他の教派を認めないというものである。これはきわめて独善的なもので、容認するわけにはいかない。

3　教会の普遍性（全体教会と地域の教会の併存）

「普遍的」という言葉の原語（ギリシア語）は「カトリコス」καθολικός である。これが英語の Catholic になった。「カトリコス」は「普遍的な」「全体的な」「正統な」という意味である。教会は東西分裂以前には、文字通り「カトリック（カトリコス）」教会、つまり普遍的で全体的な教会であった。しかし後に東方教会は「正教会」Orthodox Church、西方教会は「ローマ・カトリック」Roman Catholic と呼ばれるようになった。

普遍的、全体的であるということは、言い換えれば、一つであるということである。したがって、教会の普遍性・全体性と一性は相即不離の関係にある。そして初代教会以来古代の教会は、東方教会も西方教会もそのような意識を持っていたはずである。

しかし、残念ながら教会は東西に分裂し、また宗教改革の時、ローマ・カトリックからプロテスタント（ルター派、カルヴァン派）とイギリス国教会が独立し、さらにイギリス国教会からプロテスタント（長老派、会衆派、バプテスト派、メソジスト派など）が独立した。そして各教派は自己の正統性を主張した。本来、「普遍的な」「全体的な」「正統な」は一つのカテゴリーである。しかし皮肉なことに、各教派が自己の正統性を主張すればするほど、普遍性と全体性の理想から離れていくのである。これは実に不幸なことであるといわざるを得ない。

したがって、仮に各教派が真剣に教会の普遍性・全体性と一性を求めるならば、まずほかの教派の正統性を相互に認める努力を続けるべきであろう。

ところで普遍的・全体的な教会のほかに各地域に個別の教会があることは決して矛盾ではない。パウロが使用している「エクレーシア」は「神の教会」、つまり普遍的・全体的な教会（第一コリント一〇・三二、一五・九、ガラテヤ一・一三）を意味するだけではなく、各地方の教会、すなわち、コリントの教会（第一コリント一・二）、ガラテヤ地方の諸教会（ガラテヤ一・二）、テサロニケの教会（第一テサロニケ一・一）などをも意味する。

実際の日常的な活動は、各地方の教会を通して行われる。そしてすべての地方教会は、イエス・キリストの名のもとに同じ信仰を持っているのであるから、同じ一つのキリストの体を共有している。この点において本来のエクレーシアは一つで、普遍的で、全体的なのである。

4　教会の聖性

コリントにある神の教会へ、すなわち、至るところでわたしたちの主イエス・キリストの名を呼び求めているすべての人と共に、キリスト・イエスによって聖なる者とされた人々、召されて聖なる者とされた人々へ。イエス・キリストは、この人たちとわたしたちの主であります。（第一コリント一・二）

「聖なる者たち」の原語は「ホイ　ハギオイ」οἱ ἅγιοι である。ちなみに口語訳聖書では「聖徒」と訳されている。「ホイ」は冠詞の男性複数形、「ハギオイ」は「ハギオス」ἅγιος の男性複数形である。

「ハギオス」とは、「聖なる」「神聖な」「聖別された」「清い」という意味である。興味深いことに、新約聖書では「ハギオス」は、聖霊を表す場合にも使われている。聖霊の原語は「ト　ハギオン　プネウマ」τὸ ἅγιον πνεῦμα である。「ト」は冠詞の中性単数形、「ハギオン」は「ハギオス」の中性単数形、「プネウマ」は「(神の)霊」である。つまり、聖なる者は神から発出している聖霊と同様に神聖で、清いのである。

ただし、信徒はそのままで清いわけではない。また自分の力やわざで清くなることはできない。右に引用した聖句では「キリスト・イエスによって聖なる者とされた人々、召されて聖なる者とされた人々」と書かれている。私たちはキリストの贖罪《しょくざい》を信じたときに、キリストによって聖なる者とされるのである。すなわち、私たちはキリストの恵みによって「聖化」される。

この聖化は私たちの救いのためだけではなく、神のご用のためにも行われる。イエスの弟子たちは、イエスの伝道（神の国の運動）を助けるために使徒として聖別された。つまり、イスラエルの人々の中からあえて選ばれ、分けられた。また当初、キリストの教会の迫害者であったパウロも、神によって選び分けられた（ガラテヤ一・一三〜一五）。今日のキリスト者も神の計画に従って、神の宣教活動に参加するために多くの人々の中から選ばれて、分けられた。それゆえ、キリスト者もまた「聖なる者たち」と呼ばれるのである。そこで教会の聖性とは、このような「聖なる者たち（聖徒）の交わり」（「使徒信条」）を意味している。

ただし、そうであるからといって、私たちがこの世で完全な者になるわけではない。確かにキリストの贖罪によって根本的な罪（神からの離反）からは解放されている（ローマ三・二三〜二六）。しかしそれにもかかわらず、私たちは相変わらず日々罪を重ねている。

したがって、キリスト者はやはり「義人にして同時に罪人」（simul justus et peccator）なのである。この言葉はルターの言葉として人口《じんこう》に膾炙《かいしゃ》しているが、果たして彼が最初にこの言葉を使ったのかどうかは不明である。いずれにせよ、キリスト者は矛盾する二面性から解放されていない。

ここからわかるように、教会には聖徒の交わりがあると同時に罪人の交わりがある。それゆえ、キュンクが主張しているように、教会は聖なる存在であると同時にいつも聖霊によって清められるべき存在である。(18)

神は、わたしたちが行った義の業によってではなく、御自分の憐れみによって、わたしたちを救ってくださいました。この救いは、聖霊によって新しく生まれさせ、新たに造りかえる洗いを通して実現したのです。神は、わたしたちの救い主イエス・キリストを通して、この聖霊をわたしたちに豊かに注いでくださいました。こうしてわたしたちは、キリストの恵みによって義とされ、希望どおり永遠の命を受け継ぐ者とされたのです。（テトス三・五〜七）

5　教会の使徒性

あなたがたはもはや、外国人でも寄留者でもなく、聖なる民に属する者、神の家族であり、使徒や預言者という土台の上に建てられています。そのかなめ石はキリスト・イエス御自身であり、キリストにおいて、この建物全体は組み合わされて成長し、主における聖なる神殿となります。キリストにおいて、あなたがたも共に建てられ、霊の働きによって神の住まいとなるのです。（エフェソ二・一九〜二二）

使徒性について

コンスタンティノポリス信条で規定された「一つの教会、聖なる教会、普遍的な教会、使徒的な教会」という四つの原則の内で、最後の原則が使徒的な教会である。すでに述べたように、エクレーシアの直接の起源は、キリストの復活後、弟子たちが再度集結して、聖霊を受けたことに求められる。そして、弟子たちは「使徒」と呼ばれるようになった。そこで教会の使徒性は、その一性・聖性・普遍性の基礎になっているから、使徒性とは何であるのかを考えることは重大な課題である。

しかし新約聖書において使徒という術語は、まだ厳密な概念として形成されず、曖昧さを多分に含んでいる。「使徒」の原語は「アポストロス」ἀπόστολος である。これは派遣された者、使者という意味である。派遣された者は、派遣した者の権威と委ねられた使命を持っている。したがって使徒とは、本来本人自身に権威はないが、与えられた使命を果たすという条件において派遣した者の権威を預かっている者ということになる。

イエスは「はっきり言っておく。僕《しもべ》は主人にまさらず、遣わされた者は遣わした者（イエス）にまさりはしない」（ヨハネ一三・一六）と語っている。ここで「使わされた者」の原語はアポストロスである。ここからわかるように、元来の使徒は、イエスの使者・代理人・全権大使という意味である。

ところで共観福音書（マタイ、マルコ、ルカ）の報告によると、イエスは十二人の弟子を選び、彼らを「使徒」と名付けた（マルコ三・一三〜一九、マタイ一〇・一〜四、ルカ六・一二〜一六）。ただし、イエスが「使徒」（アポストロス）という用語を、後の教会のように特別な役職として理解していたかどうかは不明である。あるいは原始キリスト教が成立したのちに、「アポストロス」という用語が使用されたという学説もある。

　それはともかくとして、イエスの弟子たちがイエスの復活に関する最初の証人になった（第一コリント一五・三～五）。さらに彼らがイエスの指示によって最初の教会、すなわちエルサレム教会を創立したことは事実である（使徒一・三～一四、二・一～四、一四～四二）。

　したがって、使徒とは復活したイエスに出会った人々であり、またイエスから直接宣教の使命を託された人々である。ちなみにパウロはイエスの弟子ではなかったが、復活したイエスに出会い、しかもイエスから宣教の使命を与えられたので、やはり使徒である（ローマ一・一、第一コリント一・一、九・一、一五・八、ガラテヤ一・一、二・八）。

　そしてエルサレム教会を母体にしてアンティオキア、アレクサンドリア、コンスタンティノポリス、ローマなどの主要な教会が成立していった。後代になって、アンティオキアとアレクサンドリアの教会は衰退したが、コンスタンティノポリス教会は東方教会の、ローマ教会は西方教会の拠点になった。したがって、歴史的に見ても、世界のすべての教会はエルサレム教会を本源としているから、これらの教会は使徒性と結びついている。

　そしてこの使徒性に基づいて、全世界の教会は教会の一性・聖性・普遍性という本来の状態に戻らねばならない。またすべての教会は使徒性を基本にしているのであるから、使徒たちと同様に、キリストの福音を宣教する権限と責任を持っているのである。

使徒伝承（使徒継承）

使徒伝承とは、教会の聖職の持つ権威が、使徒たちから継承されたものであるという教えである。教会の宣教の真理性とサクラメントの有効性などはこの権威に基づくという。この教えを保持している教派は、カトリック、東方正教会、聖公会、スウェーデンのルーテル教会などである。(19)

すでに述べたように、すべての教会は、使徒性を基本にしている。しかし、使徒は復活したキリストの証人であり、直接にキリストによって選ばれた使者であるから、この点において後継者は存在しない。したがって、使徒伝承という概念は、教会の使徒性と一致しない。そういうわけで、大半のプロテスタントはこの概念を重視しない。

ところが、カトリックは、使徒伝承の教えをローマ教会および教皇の優越性の証明のために利用している。その主張の趣旨は以下の通りである。

ペトロは全教会に及ぶ裁治権（教会法に基づいて、ある法的資格をもって正式かつ公の権威を行使する権利）における首位権をキリストから与えられた（マタイ一六・一七～一九、ヨハネ二一・一五

〜一七)。

ペトロの後継者であるローマ教会の司教(教皇)は、ペトロの首位権を代々、受け継いでいる。教皇はキリストの代理者であり、全教会の頭・全キリスト者の父・教師である。キリストの教会は、一人の最高の牧者(教皇)のもとに一つの群れとなる。これがカトリックの教えであり、この教えから離れることは、信仰と救いを失うことである[20](DS三〇五三〜三〇六〇)。

原始キリスト教においてペトロが特別な立場にあったことは事実であろう。彼は史的イエスの時代に弟子たちの筆頭であり(マタイ一六・一九)、復活したイエスに出会った最初の人物であった(ルカ二四・三四、第一コリント一五・五)。そしてペトロはおそらくローマ教会の指導者であったと考えられる。新約外典ペテロ行伝によると、ペトロはローマで伝道を行い、そこで殉教した[21]。

しかしそうであるからといって、彼が全教会における最高の権威者であったとは考えられない。古代の教会において、エルサレム、ローマ、コンスタンティノポリス、アンティオキア、アレクサンドリアは対等の関係にあり、ローマだけが優越していたわけではない。

またカトリックが典拠としている聖書の記事によって、ペトロが特別の権威を持っていたということは釈義上、証明できない。まずマタイ福音書一六章一八〜一九節ではキリストの言葉として、「わたしも言っておく。あなた（シモン）はペトロ。わたしはこの岩の上にわたしの教会を建てる。陰府《よみ》の力もこれに対抗できない。わたしはあなたに天の国の鍵を授ける。あなたが地上でつなぐことは、天上でもつながれる。あなたが地上で解くことは、天上でも解かれる」と書かれている。

ここで、ペトロの本名はシモンであるが、「ペトロ」と「岩」は用語として区別されていることに注意しなければならない。「ペトロ」の原語は「ペトロス」Πέτρος であり、これは「石ころ」という意味である。岩という意味はない。ちなみに岩（岩盤）は「ペトラ」πέτρα である。シモン自身は堅固な岩盤ではなく、石ころに過ぎないということを暗示している。実際ペトロはイエスが逮捕された状況でイエスとの関係を三回も否定した（マタイ二六・六九〜七五）。そこで「この岩（岩盤）」とは、その時にシモン・ペトロが告白した信仰そのものを指しているのだろう。つまり、イエスに対する「あなたは生きている神の子・キリストです」（同一六・一六）という信仰告白である。教会の基礎は、ペトロの個人的な人格ではなく、「イエスは神の子・キリストである」という信仰そのものなのである。これはイエスを信じる者すべてが共有するものであるから、ペトロの優越性とは無関係である。あるいはアウグスティヌスの釈義に従って、キリスト自身が大岩盤であり、教会の基礎であるということかもしれない。[22] というのも、第一コリント書一〇章四節ではキリスト自身が「岩」という言葉で表されているからである（第一ペトロ二・六〜八参照）。

また「あなたが地上でつなぐことは、天上でもつながれる。あなたが地上で解くことは、天上でも解かれる」という言葉であるが、「つなぐ」とは「拘束する」「禁止する」という意味であり、「解く」とは「束縛を解く」「解放する」という意味である。すなわち、教会がある事柄について禁止したり、許可したりすることであろう。あるいは罪について処罰したり、赦したりすることかもしれない。

しかしこのような権限はペトロ個人に与えられたのではない。というのも、マタイ福音書一八章一八節ではイエスは、「はっきり言っておく。あなたがたが地上でつなぐことは、天上でもつながれ、あなたがたが地上で解くことは、天上でも解かれる」と書かれているからである。「あなたがた」とは直接にはすべての使徒たちのことである。つまり、教会の指導者たち全般を指している。したがってイエスは「天の国の鍵」をペトロ個人にではなく、すべての使徒たちに授けたのである。以上の釈義に関して、東方正教会の神学者も基本的に同様の趣旨を述べている。(23)

ちなみに原始キリスト教の時代、シモンは「ケファ（ケパ）」と呼ばれていたようである（ヨハネ一・四二、第一コリント九・五、一五・五）。「ケファ」はアラム語で「丸い石」という意味である。「岩」という意味では稀に使われているに過ぎない。(24) 生前のイエスはシモンのことを「ケファ」

と呼んでいたのかもしれない。

さらにカトリックは、聖書の典拠としてヨハネ福音書二一章一五～一七節の記事を採用している。すなわち、復活したイエスはペトロに対して「わたしの小羊を飼いなさい」または「わたしの羊の世話をしなさい」または「わたしの羊を飼いなさい」といった（ヨハネ二一・一五～一七）。

ペトロは三回イエスとの関係を否定し、致命的な誤りを犯した。これに対して復活したイエスは、広大無辺な愛によってペトロの罪を赦し、彼を立ち直らせた。しかも教会成立後のキリスト教徒を指導する使命を与えた。つまり、この記事ではペトロにおける優越的な権威が宣言されているのではなく、ペトロに対するイエスの愛とペトロの新しい使命が強調されているのである。

以上のように考察すると、イエスの言葉が、使徒集団におけるペトロの首位性を表しているというように解釈することはできないだろう。


（口絵3）エル・グレコ「悔い改める聖ペトロ（一六〇五）」では、ペトロが二本の鍵を持ちながら、致命的な誤りを悔い改めている。西洋絵画では、鍵はペトロのアトリビュート（持ち物）である。

6　万人祭司

キリストは御子であるにもかかわらず、多くの苦しみによって従順を学ばれました。そして、完全な者となられたので、御自分に従順であるすべての人々に対して、永遠の救いの源となり、神からメルキゼデクと同じような大祭司と呼ばれたのです。（ヘブライ五・八～一〇）

あなたがた自身も生きた石として用いられ、霊的な家に造り上げられるようにしなさい。そして聖なる祭司となって神に喜ばれる霊的ないけにえを、イエス・キリストを通して献げなさい。（第一ペトロ二・五）

イスラエルの宗教において祭司は、預言者と共に重要な役割を果たしてきた。祭司は聖所において供え物と生贄《いけにえ》を神に捧げて、神との交流を行った。なかんずく祭司の上に立つ大祭司は、年に一回の贖《あがな》いの日に至聖所（聖所の最も奥の部屋）に入り、全イスラエルの罪の贖いをした（レビ一六・一一～三四）。

そして新約の時代には大祭司は、サンヘドリン（議会）の議長でもあり、政治と宗教の権力を掌握していた。その時代、大祭司を頂点として祭司たちは、神殿において務めを果たしていた。しかしキリストを信じる者は、もはや神殿も祭司制度も必要としない。なぜならば、イエス・キリスト自身が永遠の大祭司であるからである。またキリスト者各自が霊的な家、つまり、霊的な神殿の一部を形成しているからである（第一コリント三・一六、エフェソ二・二一～二二）。

ところでメルキゼデクとはサレム（シャレム）の王で、いと高き神（イスラエルの神）の祭司であった。彼は戦闘に勝利したアブラハムを祝福した（創世一四・一八～二〇）。しかし、メルキゼデクには「父もなく、母もなく、系図もなく、また、生涯の初めもなく、命の終わりもなく、（彼は）神の子に似た者であって、永遠に祭司」である（ヘブライ七・三）。

旧約ではメルキゼデクの正体は明らかではない。しかしヘブライ書によれば、永遠の祭司であるメルキゼデクの使命はキリストに継承された。キリストこそメルキゼデクを超える永遠の大祭司であり、真実の神の子である。

そしてキリストはいたずらに律法（トーラー）を無視したり、破棄しようとしたのではない（マタイ五・一七）。というのは、律法は本来、神によって授けられた掟であり、神の意志を表す戒律であるからである。律法によれば、生け贄の動物の血を流すことによって罪の赦しを行う（レビ四・三～七、一三～一八）。そこで端的にいえば、キリストは律法の精神に従って、自ら血を流し、罪の贖いを完成した（ヘブライ九・一五、二二）。

ここからわかるように、キリストの血による犠牲は、律法に基づいた出来事であったから、父なる神の意志に合致する完全な救済行為であった。しかもキリスト自身が永遠の大祭司であるから、キリストの十字架という歴史上ただ一回の出来事によって全人類の贖罪は完成したのである（同七・二六～二八）。もはやそれ以上の犠牲は必要ではない。

そこでキリストを信じるすべての者は祭司であり、しかもキリストを通して神に近づくことができる（同一〇・二二）。キリスト者にとって「聖所」とは、神殿という建物の中にあるのではなく、各自の体の中にある（同一〇・一九、第一コリント六・一九）。私たちは自分という存在の「根底」が何であるのかを深く反省することによって、自分の中にある聖所に気づくことができる。

第三章　サクラメント（聖礼典）

この章ではサクラメントという視点からキリストの体である教会の真実の在り方について考察する。またサクラメントの正当性については、新約聖書の記述が最も重要な根拠になる。

第一節　サクラメント概論

1　サクラメントの沿革と定義

サクラメントは説教と共に礼拝における最も重要な要素であり、また福音宣教の手段でもある。ちなみに「日本基督教団信仰告白」においても「教会は公の礼拝を守り、福音を正しく宣《の》べ伝へ、バプテスマと主の晩餐との聖礼典を執り行ひ、愛のわざに励みつつ、主の再び来たりたまふを待ち望む」と書かれている。したがって、福音の本質や教会論を考察するためには、サクラメントの正しい理解が不可欠になる。したがって、まずその沿革を概観し、そこに含まれている救済論的論点を解明する。

「サクラメント」はプロテスタントでは「聖礼典」、ローマ・カトリック（以下、「カトリック」と省略する）では「秘跡」、東方正教会では「機密」と訳されている。これはプロテスタントでは洗礼と聖餐のみを指す。

英語の sacrament は、ラテン語の「サクラーメントゥム」sacramentum に由来するカトリック的用語である。これは本来、古代ローマにおいて軍隊に入る際、兵士の軍への誓約（服従の誓約）を指した。そこで原始キリスト教では、サクラーメントゥムは、信徒のキリストへの服従という意味で使用されるようになった。なかんずく洗礼を受けて、教会に入会する際には、この意味合いが顕著に含まれている。

これに対して、東方正教会（ギリシア正教会）は、サクラメントを指す用語として「ミュステーリオン」μυστήριον というギリシア語を使う。この用語は新約聖書においては、「秘義」「奥義」「秘義としての神の計画」「今は隠されているが、やがて明らかになる神の意図」「秘義としての福音」というような意味である。ちなみに新共同訳聖書では「神秘」（第一コリント一三・二、エフェソ五・三二）などという言葉に訳されている。ただし、新約聖書ではミュステーリオンは、サクラメントの意味では使用されていない。

そしてサクラメントは古代以降、ミュステーリオン（奥義・神秘）の要素を含む概念として発展してきた。すなわち、神の力に関わる神秘的なことが物質的なものによって表現され、伝達される典礼 liturgy（礼拝の儀式）を意味する。したがって、『キリスト教大事典』の解説によれば、サクラメントとは、内的な不可視の霊的恩恵を外的な可視的形において表すしるしであり、しかもそれはキリストによって制定された恩恵の手段・方法であるといえる。(25)

2 カトリックのサクラメント（秘跡）

カトリックの定義によると、サクラメントとは、聖なるものの象徴（しるし）であり、目に見えない恩恵の目に見える表現であり、キリストによって制定された（DS一六三九、一八六四）。(26)そしてカトリックは、サクラメントの数も定めた。まずペトルス・ロンバルドゥス（一一六〇没）が最初に七つのサクラメントを主張した。第二リヨン公会議（一二七四）において、正式に七つのサクラメントが承認された。すなわち、洗礼、堅信、告解（悔悛）、聖体、叙階、婚姻、病人の塗油（終油）である（DS八六〇）。(27)東方正教会もこれら七つのサクラメントを受け入れている。

聖体は聖餐のことであるが、パンは普通のパンではなく、パン種（イースト）を入れずに作ったものである。「ホスティア」hostia と呼ばれる。これはラテン語で「生贄《いけにえ》」を意味する。

ぶどう酒（ワイン）は通常、少量の水で割る（DS一三二〇、一七四八）。ヨハネの報告によると、十字架上のキリストの脇腹から血と水が流れ出た（一九・三四）。そこでぶどう酒と水の混合で聖なる秘義が思い起こされるからである。[28]ただし、カトリックの礼拝（ミサ）では特別の場合を除いて、一般信徒はぶどう酒にあずからないという慣習がある。

なお詳しいことは省略するが、カトリックの教理によれば、七つのサクラメントはすべて、キリスト自身によって制定された。

第二節　福音信仰に基づく見解

1　サクラメントの必要性

すでに述べたように、サクラメントとは、内的な不可視の霊的恩恵を外的な可視的形において表すしるしであり、しかもそれはキリストによって制定された恩恵の手段・方法である。

それではなぜ教会は「外的な可視的形において表すしるし」を必要とするのか。なぜ聖書の言葉の宣教だけでは不十分なのか。中世カトリックの神学者トマス・アクィナス（一二二五〜一二七四）の所見を参考にする。ちなみにトマスは、中世のスコラ神学の完成者といわれていて、今日のカトリック神学にも大きな影響を及ぼしている。彼の『神学大全』によれば、サク

ラメントは三つの理由から人間の救いのために必要である。(29)

その第一は、人間本性の本来の在り方から把握すべきものである。すなわち、人間本性にとっては物体的・可感的なものを通して霊的・可知的なものへと導かれる。たとえばキリストの命や愛あるいは聖霊のエネルギーなどの神の恩恵は、本来霊的なものであり、不可視であり、感覚でとらえられないものである。そこで私たちがこれらの神の恩恵を受けるためには、なんらかの物質的な媒介が必要である。それが「外的な可視的形において表すしるし」であり、すなわち、洗礼の水、聖餐におけるパンとぶどう酒である。

もちろん神の霊的な恵みは、それ以外のしるしでも示される。たとえばヨハネ福音書では、イエスの命は「光」「永遠の命に至る水」「命のパン」(一・四、四・一四、六・三五)などの象徴的言語で表現されている。しかし、それらの言語がすべてイエス自身の言葉によってサクラメントとして制定されているわけではない。

その第二は、人間には物的事物に愛着し、それに従属するという病める習性から把握すべきものである。もしも神がただ霊的なものだけを私たちに提供したとすれば、私たちはそれを活用することができないだろう。そこで神は私たちの病を癒やすために、物質的なしるしという外形を持った霊の薬を授けた。

その第三は、私たちの日常生活は、何よりも物質的な事柄にいつも関わっているという行動の傾向から把握すべきものである。そこでもしも信仰生活において教会が霊的なものだけを私たちに要求するならば、極度に困難な状況に追い込まれるだろう。したがって神は「外的な可視的形において表すしるし」を用いて、私たちの信仰を身体の側面から鍛錬することを計画したのである。

2　「ウェストミンスター信仰告白」

さてサクラメントの定義をもう少し厳密に説明しよう。プロテスタントによるサクラメントの定義は、ウェストミンスター会議で決定された「ウェストミンスター信仰告白」The Westminster Confession of Faith（一六四七）の二七章一節において確認することができる。そこでは「サクラメントは、神によって直接制定された恵みの契約の聖なるしるし（signs）と印証（seals）であり、またそれはキリストとその祝福とを表わし、キリストの内にある私たちの権利（interest）を確認し、また教会に属する者と世界の他の者との間に可視的な区別を付け、かつまた神の言葉に従って、キリストにあって神への奉仕におごそかに彼らを従事させるためのものである」と宣言されている。また二七章四節では、福音においてキリストは二つのサクラメント、すなわち、洗礼（バプテスマ）と主の晩餐（聖餐）のみを制定した。(30)

ウェストミンスター会議とは、イギリス国教会の改革のために、ウェストミンスターアビーで開かれた長老派神学者の会議（一六四三～一六五三）である。のちに英語を母国語にする長老派やバプテスト派の教理に影響を及ぼした。

ここからわかるように、プロテスタントのサクラメントには次のような五つのエレメントがある。

（1）神によって直接制定された恵みの契約の聖なるしると印証である。
（2）キリストとその祝福とを表わす。
（3）キリストの内にある私たちの権利を確認する。
（4）教会に属する者と世界の他の者との間に可視的な区別を付ける。
（5）神の言葉に従って、キリストにあって神への奉仕に信徒を従事させる。

（1）は、サクラメントがキリストによって制定された契約のしるしであり、しかもそのことが聖書に証言されている事柄であるということを意味する（マタイ二八・一九、マルコ一四・二四、第一コリント一一・二三～二五）。ただし、史的イエス（地上のイエス）の段階で、サクラメントに相当する儀式が定められていたかどうかは問われていない。キリストがある事柄を儀式または記念会として制定したということが聖書に記述されていれば、それで十分なのである。

（2）のキリストとその祝福とは、キリストの永遠の命を表している（ヨハネ六・五三～五六、ローマ六・三～一一）。

（3）は、洗礼を受けることによって、キリストを着ていること（ガラテヤ三・二七）、および聖餐を受けることによってキリストの体と血にあずかる権利を持っていることを意味する（第一コリント一〇・一六）。

（4）は、福音がユダヤ人と異邦人のためにあることを意味する（ローマ一五・七～一二）。つまり、あらゆる人種、民族は教会に属することができるのであり、教会はそれらの差異を統合しうる。世界においては、洗礼を受けて教会に属する人とまだ教会に属していない人という区別だけが残る。

（5）は、洗礼を受けた者がすべて、神の言葉に従って、神に奉仕することを人生の目的にするということを意味する（ルカ二二・二六、ローマ一二・九～一一）。この点において教職と一般信徒の間に差異はない。

そこでプロテスタントの立場によると、洗礼と聖餐のみがサクラメントとして制定されるべきである。洗礼についてはのちに検討するとして、次にほかの五つのサクラメントに関して考察する（聖餐については次の章で考察する）。そのために各々まずカトリックの教理を紹介して、それに対する批判を行う。

第三節　五つのサクラメント

1　堅信

カトリックの教理によると、堅信とは、受洗者が信仰をはっきりと公言し、表明した信仰に恥じない生活をすることができるように、聖霊によって強められるサクラメントである。按手《あんしゅ》と聖香油（バルサム香を混ぜたオリーブ油）の塗油と祈りをもって授けられる。(31) 按手とは、人の頭に手を置いて、その人に聖霊の力が与えられるように祈ることである。

七つのサクラメントの中で、洗礼、堅信、叙階の三つにおいては「霊印」、すなわち、他の人と区別するために霊魂に消えない印を刻みつける。そのため、この三つのサクラメントを繰り返して授けるべきではない（DS一三一三）(32)。

なおカトリックは、堅信の聖書的根拠として使徒言行録八章一四～一七節を用いている（DS一三一八）(33)。この記事によると、洗礼を受けたが、まだ聖霊を受けていなかったサマリア人たちがいた。そこで使徒たち（ペトロとヨハネ）が彼らのために聖霊が降るように祈り、彼らに按手すると、聖霊が降った。

ところで堅信は幼児洗礼の慣例を前提にしている。すなわち、幼児の時に受洗した者は、まだ明確にキリスト教の信仰を告白することができない。そこで受洗の後、一定の年齢に達して、聖餐に参加できる資格を得るために必要な典礼である。日本基督教団では「信仰告白式」あるいは「堅信礼」と呼ばれる。

しかしながら、堅信はキリスト自身によって制定された儀式ではない。また洗礼を受けた者は、その時に聖霊の力を受けているのであるから、改めてサクラメントとしての堅信を受ける必要はない。もしも堅信をサクラメントとして位置づけるならば、洗礼そのものの意義が曖昧になってしまうだろう。

なお使徒言行録八章一四～一七節の記事は、堅信の根拠にはならない。たしかにサマリア人たちは洗礼を受けた時、聖霊を受けていなかった。しかしそれはあくまで例外的な出来事である。むしろここで著者は、洗礼の目的が聖霊を受けることであるということを強調しているのである。

2　告解（悔悛）

カトリックの教理によると、告解とは、受洗の後、罪を犯し、これを悔い改めて、神の赦しを願う信徒が神と司祭の前でその罪を秘密に告白し、司祭を通して罪の赦しが与えられるというサクラメントである。告解には痛悔、告白、罪の償いという三つの段階がある（DS一六七三〜一六八九）[34]。痛悔とは、自分の犯した罪を悲しむ徳の行為を指す。これは犯した罪を忌み嫌い、これを悲しむと同時に、今後罪を犯さないという決心を含む自由意志の決定である。

また告白とは、自由意志をもって自分の罪を告白し、資格のある司祭に言い表し、罪の赦しを受けることである。そして罪の償いとは、告白のサクラメントにおいて罪を赦された時、司祭によって命ぜられた罪の償いを指す。司祭の赦しの宣言によって罪と共に永遠の罰も赦されるが、この世における罰は残るからである。

カトリックは告解の聖書的根拠としてヨハネ福音書二〇章二一〜二三節を用いる（DS一六七〇）[35]。すなわち、復活した主は、弟子たちに息を吹きかけて、「聖霊を受けなさい。だれの罪でも、あなたがたが赦せば、その罪は赦される。だれの罪でも、あなたがたが赦さなければ、赦されないまま残る」と宣言した。そこでカトリックの教理によると、キリスト自身が告解のサクラメントを制定した。そして洗礼を受けた後で罪を犯した人々の和解のために罪を赦す権利が使徒たちとその正統な後継者に与えられたという。

しかしながら、聖書にはキリスト自身が告解という儀式を定めたという記事はない。ヨハネ福音書二〇章二一〜二三節は、告解制度の根拠にはならない。この記事を読むと、人の罪を赦す主体そのものは聖霊であることに気づく。弟子たちの集団は、罪を赦すことの可否の権限をあくまで委任されているに過ぎない。さらにいうならば、弟子たちの集団は教会を代表しているのであるから、罪を赦すことの可否の権限は教会全体にある。すなわち、聖書の純粋な釈義として解釈すると、カトリックの聖職者だけにその権限が認められているわけではないことになる。

もっと深く考えると、宗教改革者ジャン・カルヴァン（一五〇九〜一五六四）が主張しているように、罪の告白は本来、神・キリストに対してなされるべきであり、罪の赦しそのものは神・キリストのみが行うのである（詩三二・五、第一ヨハネ一・九）[36]。

したがって、より厳密に説明するならば、教会に委任された「罪を赦すことの可否の権限」というのは、罪の赦しそのものに関する権限ではなく、信徒各人がキリストに向かって罪の告白をするように指導する権限であるということである。

ただし、他方でヨハネ福音書二〇章二三節の釈義に関して、ジェラルド・L・ボアチャートの次のような神学的注解をも尊重すべきである。すなわち、（教会は）罪の赦しの宣言が、人々の過去の罪と有罪の感情を破棄し、聖霊の指示の下で復活したキリストと一緒に生きる喜びへと注意を向けるという重要な役割を持っている[37]。

過去の罪の意識や良心の呵責に苦しむ人々に対して、教会は冷淡であってはならない。教会は彼らの罪を赦す権限を持っていないが、彼らが心底からキリストの救いを求めるようになるために、組織的な方策を講じる義務を負っているはずである。

3　叙階

カトリックの教理によると、叙階とは、司教の按手によって、他人を聖化するための恩恵と権能を授与するサクラメントである。聖職、すなわち、司教職、司祭職、助祭職を任命するための典礼である。聖職に就ける者は、洗礼を受けた男性に限られる。

その聖書的根拠は、「祭司制度に変更があれば、律法にも必ず変更があるはずです」（ヘブライ七・一二）である。カトリックの解釈によれば、新約の時代になって、旧約の祭司に替わる新しい祭司制度が神によって授けられた。それはカトリックの司祭職（司教制度）である。また新しい律法として司祭は聖体の典礼を執行し、信徒の罪に関する宣言を行う権威を授けられた（DS一七六四）(38)。

ところで日本基督教団の場合、正式に教職に就くためには「補教師准允《じゅんいん》式」と「正教師按手式」で教師の職として任命されねばならない。これらはいずれも礼拝の形式で行われる。ちなみに正教師となるためには、まず一定の期間補教師として活動し、その後「正教師按手式」で按手礼を受けねばならない。

しかしながら、これらの典礼は、キリストによって制定された恵みの契約の聖なるしるしと印証ではない。聖書にはそのような記述は全くない。

そもそもカトリックが引用しているヘブライ書七章一二節は、叙階をサクラメントとして制定している記事ではない。ヘブライ書全体を読めばわかることであるが、そこでは真の大祭司はイエスのみであり（四・一四、七・二四～二八）、旧約の祭司制度は無効になったということが述べられている。イエス・キリストのみが新しい契約の仲介者、つまり、神と人との仲介者である（九・一五、一二・二四）。それゆえ、一般信徒もキリストという聖所を通って、神に近づくことができるのである（一〇・一九～二二）。プロテスタントでは、人間の祭司は否定されている。牧師は、祭司ではなく、福音を取り次ぐ教師であり、また信徒を守り導く牧者である。

4　婚姻

婚姻とは、いうまでもなく結婚であり、カトリックの教理によると、これもサクラメントとして定められている。

その聖書的根拠は「人は言った。『ついに、これこそわたしの骨の骨、わたしの肉の肉。……』。こういうわけで、男は父母を離れて女と結ばれ、二人は一体となる」（創世二・二三～二四）および「それゆえ、人は父と母を離れてその妻と結ばれ、二人は一体となる」（エフェソ五・三一）である。

また「だから、二人はもはや別々ではなく、一体である。従って、神が結び合わせてくださったものを、人は離してはならない」（マタイ一九・六）というイエスの言葉も、婚姻が神自身によって定められた秩序であると考えられている（DS一七九七〜一七九八）[39]。

たしかにプロテスタントにおいても、結婚式は礼拝の形式で執行されている。その中でエフェソ書五章二五〜三三節やマタイ福音書一九章六節などが朗読される。しかしながら、結婚式はサクラメントとして認められない。なぜならば、「ウェストミンスター信仰告白」における次の条件が欠けているからである。すなわち、「神によって直接制定された恵みの契約の聖なるしるしと印証である」および「教会に属する者と世界の他の者との間に可視的な区別を付ける」である。

キリストは聖書において結婚の正当性と重要性を認めているが、結婚を恵みの契約の聖なるしるしと印証として制定しているのではない。結婚はいうまでもなく、キリスト教徒に限定された慣習ではないから、教会に属する者と世界の他の者との間に可視的な区別を付ける典礼にはならない。

またエフェソ書五章二五〜三三節では、キリストが教会を愛するように、夫婦も互いに愛し合うべきであることが勧められているのであり、サクラメントについて書かれているのではない。

5　病人の塗油（終油）

カトリックの教理によると、病人の塗油とは、司祭が祈りを唱えながら、病人の額と両手にオリーブ油を塗るサクラメントである。オリーブ油がない場合には、ほかの植物油でもよい。その効果は聖霊の恩恵によるものである。病人が償いを必要としている罪を負っている場合、塗油によってそれと取り除き、罪の傷跡を取り消し、病人の魂を慰め、強める。そして霊的健康のみならず、肉体的健康をも回復させることがあるという（ＤＳ一六九六）[40]。

その聖書的根拠は、「（十二使徒は）多くの悪霊を追い出し、油を塗って多くの病人をいやした」（マルコ六・一三）および「あなたがたの中で病気の人は、教会の長老を招いて、主の名によってオリーブ油を塗り、祈ってもらいなさい。信仰に基づく祈りは、病人を救い、主がその人を起き上がらせてくださいます。その人が罪を犯したのであれば、主が赦してくださいます」（ヤコブ五・一四～一五）である（ＤＳ一六九五）[41]。

しかしながら、病人の塗油はサクラメントにはなり得ない。その理由は、ほとんど告解の場合と同じである。信徒はあくまでキリストに罪を告白し、それを赦してもらうべきであり、信徒とキリストの間に人間が介在する余地はない。

しかも聖書にはキリストが病人の塗油という典礼を制定したという記事は存在しない。ただし、もちろん、病人に対する牧会的配慮は必要である。

第四節　洗礼（バプテスマ）

1　サクラメントとしての正当性

第二節の2で述べたように、「ウェストミンスター信仰告白」の第一のエレメントによれば、サクラメントはキリストによって制定された契約のしるしであり、しかもそのことが聖書に証言されている事柄であるということを意味する。

たとえば復活したイエスは、弟子たちに対して「あなたがたは行って、すべての民をわたしの弟子にしなさい。彼らに父と子と聖霊の名によって洗礼を授け、あなたがたに命じておいたことをすべて守るように教えなさい」（マタイ二八・一九～二〇）と命じている。またヨハネ福音書の記事によると、イエスは弟子たちと共に人々に洗礼を授けている（三・二二）。ただし、四章二節では洗礼を直接授けていたのは、イエス自身ではなく、弟子たちであったということが報告されている。いずれにせよイエス自身が洗礼を行うことを指示しているという聖書の記述がある。

ちなみにイエスは聖餐も行うように指示しているという聖書の記述（ルカ二二・一九、第一コリント一一・二三〜二五）がある。

なお「ウェストミンスター信仰告白」の他の四つのエレメントも各々洗礼と聖餐に当てはまるから、要するに洗礼と聖餐はサクラメントして認められる。

ただし、右に紹介した洗礼に関する聖書の記述が、歴史的に見て、イエス自身の言葉や行動に遡《さかのぼ》ることができるかどうかは不明である。しかし、結論からいうならば、使徒時代の教会は、イエスの復活後まもなく、しかも一般的に洗礼を行っていた。すなわち、使徒たちは地上のイエスの教えに基づいて、福音宣教の一環として洗礼を授けていたのである。したがって、洗礼の執行はイエス自身の教えを起源にするといっても過言ではない（いうまでもなく聖餐もイエスを起源にしている）。この点についてこれから詳しく検討する。

2　自己の死と復活

新約学者アラン・リチャードソンの所見によれば、新約時代の洗礼の儀式は、教会の会員になるための、不可欠で唯一の手段であった。パウロはまだ訪ねていないローマの信徒たちに対して、「それともあなたがたは知らないのですか。キリスト・イエスに結ばれるために洗礼を受けたわたしたちが皆、またその死にあずかるために洗礼を受けたことを」（ローマ六・三）と書いている。すなわち、洗礼はパウロ以前にあった典礼であり、それは教会全般において執行されていた[42]。

洗礼（バプテスマ）の原語は「バプティスマ」βάπτισμα というギリシア語である。これは本来、「浸すこと」「全身水没」「（福音以前の宗教行為としての）全身水没式」という意味である。また洗礼を行うという言葉の原語は「バプティゾー」βαπτίζω である。これは「（水などに）浸す、沈める」という意味である。これらの言葉が、キリスト教にも用いられた。

そして第一章で確認したように、イエスの受洗は、罪の悔い改めの告白ではなく（自分の救いのための儀式ではなく）、まさに神の子としての愛の宣言であった。イエスはこれからの自分の生涯をもっぱら人々のために捧げる決心をした。イエスの受洗とは、この決意表明のしるしである。

しかもイエスが受けた洗礼は、ヨルダン川の水に全身を浸すという儀礼であった。これは一度自分が（溺れて）死ぬということを象徴する出来事であった。この時点からすでに洗礼は死の表象として考えられていた。そしてイエスが水の中から上がると、聖霊が降った。これは新しい命への復活を暗示している。

それゆえ、イエスはエルサレムに入る前にヤコブとヨハネに対して、「あなたがたは、自分が何を願っているか、分かっていない。このわたしが飲む杯を飲み、このわたしが受ける洗礼を受けることができるか」と問いかけている（マルコ一〇・三八）。「このわたしが受ける洗礼」

とはいうまでもなく、イエスの死の出来事を意味している。

イエスが真のメシア（キリスト）であるということは、必然的に一度死ぬことを意味していた。換言すれば、私たちの救いのためには、メシアの死と復活という神の計画が準備されていたのであり、洗礼はそのことを象徴する出来事であり、また用語でもあった。

したがって、洗礼という概念は、イエス自身を起源にしているから、教会は洗礼をサクラメントとして制定しなければならない。しかもメシアの死と復活という思想を含んだ洗礼の概念は、キリスト教独特のものであり、他の宗教には見いだされない。そこでパウロは洗礼について次のように教えている。


それともあなたがたは知らないのですか。キリスト・イエスに結ばれるために洗礼を受けたわたしたちが皆、またその死にあずかるために洗礼を受けたことを。わたしたちは洗礼によってキリストと共に葬られ、その死にあずかるものとなりました。それは、キリストが御父の栄光によって死者の中から復活させられたように、わたしたちも新しい命に生きるためなのです。

もし、わたしたちがキリストと一体になってその死の姿にあやかるならば、その復活の姿にもあやかれるでしょう。わたしたちの古い自分がキリストと共に十字架につけられたのは、罪に支配された体が滅ぼされ、もはや罪の奴隷にならないためであると知っています。死んだ者は、罪から解放されています。わたしたちは、キリストと共に死んだのなら、キリストと共に生きることにもなると信じます。（中略）

このように、あなたがたも自分は罪に対して死んでいるが、キリスト・イエスに結ばれて、神に対して生きているのだと考えなさい。（ローマ六・三〜八、一一）

ここからわかるように、私たちがキリストに結ばれるためには一度古い自分、つまり、罪に支配された自分が死ななければならない。身心ともすべてが滅ぼされねばならないのである。ちなみに聖書には魂だけは存続するという死生観はない。聖書の思想では、魂と体は相即不離の関係にあり、古い自分の死は、体と魂の死を意味する。(43) そのような自己の存在における全体的な死を経験して、はじめて罪から解放され、全く新しい自己としてキリストと共に復活することができる。

このように新しい自己は単独で成立するのではない。いつもキリストと一体になっている自己であり、キリストによっていつも命を与えられている自己である。換言すれば、新しい自己は新しい体であるキリストの命に包まれている。そこで聖書では洗礼を受けた者は、「キリストを着ている」（ガラテヤ三・二七）と表現されている。他の箇所にも同様の言い回しがある（ローマ一三・一四、エフェソ四・二四、コロサイ三・一〇）。

さらに新しい自己は、キリストの愛によって一つのものになっている。パウロは「一つの霊によって、わたしたちは、ユダヤ人であろうとギリシア人であろうと、奴隷であろうと自由な身分の者であろうと、皆一つの体となるために洗礼を受け、皆一つの霊をのませてもらったのです」（第一コリント一二・一三）と述べている。洗礼を受けた者は、キリストを中心にして一つの命・体を共有しているということである（ローマ一二・五）。したがって、福音の本質は、洗礼というサクラメントを通して現実の事柄になるのである。

ちなみに仏教学者立川武蔵の解説によると、仏教は基本的に個人の精神的至福を追求する型の宗教であり、仏教教団は出家の集団であって、キリスト教の教会のような社会的機能を果たすものではなかった(44)。

これに対してキリスト教の信仰は、個人的な決断を条件にしながらも、同時にキリストの体に属するという集団的な本質を持っている。信じる人は、自分で自分に洗礼を授けるのではなく、教会によって洗礼を授けられる(45)。

それゆえ、キリストを信じるということは、教会という群れの一員になることを意味している。教会論のない信仰論はあり得ないのである。

（口絵4）東方正教会の神学ではキリストの十字架と復活は、一体のものとして理解されている。イコン「十字架刑（一四世紀）」では十字架につけられて死んだキリストは、すでに復活していることが暗示されている。

第四章　聖餐論概説

この章では聖餐論の視点から福音の本質と教会の宣教内容を考察する。

第一節　「主の晩餐」に関する新約聖書の証言

1　「主の晩餐」における二つの型

聖餐は教会生活において不可欠な本質的要素であり、また福音の根幹に関わる典礼である。しかもそれは新約聖書の証言に基づいている。そこでプロテスタントの教会も、洗礼と共に聖餐をサクラメントとして位置づけている。そして聖餐の歴史的起源は、いわゆる「主の晩餐（最後の晩餐）」の出来事に遡ることができる。マタイ福音書二六章二六～三〇節、マルコ福音書一四章二二～二六節、ルカ福音書二二章一四～二〇節、パウロの手紙（第一コリント書）には主の晩餐の記事が書かれている。

これら四つの記事を分析すると、マタイ福音書の記事とマルコ福音書の記事には類似点が多く、またルカ福音書の記事とパウロの手紙の記事には類似点が多い。したがってこれら四つの記事は、「マルコ・マタイ型」と「パウロ・ルカ型」という二つの型に整理することができる。

そして端的にいえば、「パウロ・ルカ型」には「私を想い起こして（私の記念として）、これを行いなさい」という「想起のモティーフ」があるが、「マルコ・マタイ型」にはこのモティーフが欠けている。つまり、「パウロ・ルカ型」では、イエス自らが彼の死後も主の晩餐を執行することを指示している。すなわち、イエス自らが聖餐という典礼を制定したということになる。そこでこの章では、聖餐論の視点から「パウロ・ルカ型」の記事に関する釈義を行う。

2 「主の晩餐」における福音の本質

まずパウロが書いた第一コリント書一一章二三〜二六節には次のような福音が報告されている。

わたしがあなたがたに伝えたことは、わたし自身、主から受けたものです。すなわち、主イエスは、引き渡される夜、パンを取り（二三節）、感謝の祈りをささげてそれを裂き、「これは、あなたがたのためのわたしの体である。わたしの記念として（私を想い起こして）このように行いなさい」と言われました（二四節）。また、食事の後で、杯も同じようにして、「この杯は、わたしの血によって立てられる新しい契約である。飲む度に、わたしの記念として（私を想い起こして）このように行いなさい」と言われました（二五節）。

だから、あなたがたは、このパンを食べこの杯を飲むごとに、主が来られるときまで、主の死を告げ知らせるのです（二六節）。

二三節の「わたし」とはパウロのことである。端的に説明すると、この記事は次のように四つのポイントに分けられる。

第一にパウロはここですでに初代教会において流布していた伝承に基づいて、「主の晩餐」の史実性を証言している。しかも聖餐の伝承の起源はイエス自身の言葉である。

第二に主の晩餐においてイエスはパンが自分の体を表し、杯のぶどう酒が自分の血を表していることを示した。ここで「ぶどう酒」という言葉は使われていないが、ユダヤ教の慣習によれば、杯の中身はぶどう酒である。

ちなみにイエスは、「はっきり言っておく。神の国で新たに飲むその日まで、ぶどうの実から作ったものを飲むことはもう決してあるまい」（マルコ一四・二五、ルカ二二・一八）と誓っているが、「ぶどうの実から作ったもの」とはぶどう酒を示している。

二五節の「食事」とは本来、過越の祭りの食事であろう（マルコ一四・一二～一七、ルカ二二・一五～一六）。この食事の中でユダヤ教徒は祝福・賛美・感謝の祈りを唱えて、パンを取って裂く。また賛美の祈りの後、ぶどう酒が入っている一つの杯を回して飲み合う。毎週のシャバット（安息日）でも同様である。(46)

主の晩餐においてもイエスは過越の祭りの慣習に基づいて、感謝の祈りを唱えて、パンを取って裂き、それを弟子たちに手渡し、またぶどう酒の入った杯を取り上げ、感謝の祈りを唱えてそれを弟子たちに手渡したに違いない（ルカ二二・一七～一九）。

そしてイエスの時代にはまだエルサレムに神殿があったが、当時の過越の祭りでは、神殿の祭壇に小羊を屠って神に捧げる儀式が行われていた（申命一六・二、歴代下三五・七～一二）。過越の小羊の血はイスラエルの罪を贖うために流された（出エジプト一二・七）。

したがって、主の晩餐においてイエスは、自分を過越の小羊に見立てて、人々のために犠牲になることを予告したのである。

第三に主の晩餐において「わたしの記念としてこのように行いなさい」という言葉を繰り返している。「わたしの記念として」とは、「私を想い起こして」という意味である。これはイエス自身が主の晩餐という典礼を制定して、それを今後も執行するように弟子たちに指示したということを意味する。

「わたしの血によって立てられる新しい契約」（二五節）とは、出エジプト記二四章八節の「見よ、これは主がこれらの言葉に基づいてあなたたちと結ばれた契約の血である」というモーセの言葉を前提にしている。したがって、イエスは自分の血が流されることを予告し、それが新しい契約のしるしになることを宣言したのである。

確かにパウロは、主の晩餐の記事において「罪の贖い」などという救済論的用語を使っていない。しかしパウロは、他の箇所でキリストの死が「私たちのため」あるいは「私たちの罪のため」であるという言い回しを繰り返している（ローマ五・六、八、第一コリント一五・三、第二コリント五・二一）。これはキリストの死が人間の罪を贖うためであったということを意味している。

以上の釈義からわかるように、イエスは人々の救い（罪の贖い）のために自分の死を覚悟し、そのことをパンとぶどう酒という象徴的な言葉によって表現したのである。

ちなみにイエスは目の前のパンが「あなたがたのためのわたしの体である」と語っている。ヘブライ的語法では体は魂から区別されたものではなく、むしろ一人の人間存在全体を表す。つまり、体は「命」という言葉に置き換えることができる。イエスはパンという食べ物を媒介にして、自分の命が弟子たちに分け与えられることを約束したのである。

第四に主の晩餐は終末論の視点から執行されるべきである。「主が来られるとき」（二六節）

とは、キリストの再臨の時を指す。そこで教会は終末においてキリストが再臨し、神の国が到来することを視野に入れながら、聖餐を執行しなければならない。言い換えれば、聖餐の典礼において過去のイエスの死、現在の聖餐の執行、将来の神の国という三つの次元が同時に含まれているのである。

3 「アナムネーシス」の福音的意味

それから、イエスはパンを取り、感謝の祈りを唱えて、それを裂き、使徒たちに与えて言われた。「これは、あなたがたのために与えられるわたしの体である。わたしの記念として（私を想い起こして）このように行いなさい」。食事を終えてから、杯も同じようにして言われた。「この杯は、あなたがたのために流される、わたしの血による新しい契約である。……」（ルカ二二・一九～二〇）

すでに述べたように、主の晩餐における「パウロ・ルカ型」には「私を想い起こして、これを行いなさい」という「想起のモティーフ」がある。このモティーフは、ルカ福音書の記事ではパンのみについて書かれているが、第一コリント書ではパンと杯（ぶどう酒）の両方について書かれている。

想起・記憶・記念の原語は「アナムネーシス」ἀνάμνησις というギリシア語であるが、これは聖書の宗教において本来、何を意味していたのか。この疑問を解明するためには旧約思想に遡る必要がある。「アナムネーシス」に相当するヘブライ語の単語は「ツィッカーローン」であるが、これはある事柄を現在において有効化するという意味を含む(47)。たとえば、ユダヤ教の過越の祭りは、単に出エジプトの出来事を記念して、想い起こすためだけではなく、毎回それに参加する人々が、この出来事の中に入っていくためにも行われる。

（神はモーセとアロンに語った）「この日は、あなたたちにとって記念すべき日となる。あなたたちは、この日を主の祭りとして祝い、代々にわたって守るべき不変の定めとして祝わねばならない」。（出エジプト一二・一四）

モーセは民に言った。「あなたたちは、奴隷の家、エジプトから出たこの日を記念しなさい。主が力強い御手をもって、あなたたちをそこから導き出されたからである。酵母入りのパンを食べてはならない」。（同一三・三）

そこでフランソワ・ボヴォンの釈義によれば、「アナムネーシス」とは取り返すことのできない過去のノスタルジアではなく、ヘブライ的な救済史の理解に基づく概念である。すなわち、それは神の救済史を積極的に想い起こすというヘブライ的な理解に対応しつつ、神の恵みの行為を現在化するということである(48)。

またガマリエルというユダヤ教の教師(詳細不明)の教えによると、各世代のあらゆるイスラエル人は、自分自身が奴隷の身分から解放されたのであるということを意識しなければならない(49)。

このような考え方は聖餐にも当てはまる。すなわち、聖餐を執行することは歴史的出来事である主の晩餐を現実化・現在化するということである。つまり、聖餐に参加する者は、イエスの死と復活の出来事に自ら入っていく。別の側面からいうと、死と復活を通過したイエスが聖餐の場に実在すること(主の現存)を意味する。ちなみに『日本基督教団口語式文』の聖餐式の序詞にも「キリストのからだと血とにあずかるとき、キリストはわたしたちのうちに親しく臨んでおられます」(一一〇頁)と記載されている。

ところでパウロは「だから、あなたがたは、このパンを食べこの杯を飲むごとに、主が来られるときまで、主の死を告げ知らせるのです」(第一コリント一一・二六)と指示している。ここではイエスの復活という言葉は使われていない。しかし、しばしば誤解されていることであるが、聖餐の趣旨は単にイエスの死のみを想い起こすことではない。もしも私たちがイエスの死のみを想い起こすならば、過去の十字架に関する陰惨な世界だけを思い浮かべるだろう。

アラン・リチャードソンの所見にもあるように、聖餐における「主の死」の告知とは、救いをもたらすキリストの死の告知なのである。すなわち、「アナムネーシス」とは、イエスの死と復活の出来事を想い起こすことである。(50) なぜならば、ここでパウロは「主が来られるときまで」という言葉を挿入しているからである。これはイエスが復活して、永遠の存在になり、今も生きていて、終末に再臨するという意味を含んでいる。

またジャン＝ジャック・フォン・アルメンも、「イエスの復活を記念することなしには、換言すれば、その復活に照らしてでなければ、彼を追悼することは不可能である(51)」と論述している。

そもそも新約聖書においてイエスの死、復活、高挙（昇天）は相即不離の出来事としてとらえられていて、イエスの死だけを取り上げても、その救済論的な意義を見いだすことはできない。イエスの復活・高挙という視点からイエスの死を理解する必要がある。

このように聖餐の「アナムネーシス」において、私たちは過去のイエスの死と復活を想い起こし、その恵みに感謝する。また聖餐の場に現在、存在しているイエスの命を経験する。この経験は本来、終末に起こる神の国の到来を先取りすることでもある。イエスは神の国を宴会というイメージで表しているが（ルカ一四・一五～二四）、まさに聖餐こそ終末に催される宴会のしるしであり、予兆である。

その意味で聖餐の参加者は、自分が永遠の世界に生きていることに気づくのである。イエスが約束した永遠の命は、この世ですでに実現している（ヨハネ六・四七）。聖書における永遠とは、時間の単純な連続ではなく、過去と現在と将来の一体化を意味する。ただし、このような経験が実現するためには聖霊が聖餐式において働く必要があるが、それについては改めて検討する。

（口絵5）フリッツ・フォン・ウーデ「最後の晩餐」では、キリストがウーデの時代の人々と一緒に聖餐に参加していることが表現されている。また時間は午前になっている。

第二節　聖餐における救済論

キリスト教の救済論と終末論は、相互に関連しているから、救済論を終末論の視点から論考する必要がある。ただし、終末論の詳しい説明は、後の章に行うので、ここでは聖餐論に必要な範囲で終末論に言及する。

1　心の神学による救済論

キリスト教の救済論は伝統的に聖書の釈義や教理の視点から考察されてきた。もちろんそのような論理的作業も必要であるが、それだけでは結局、教会を形成する信徒の心に大きな影響を及ぼさないというおそれがある。

救済論において最も重要なことは、聖書の釈義や教理に基づきつつ、信徒各人がいかにしてキリストの救いを経験しうるのかという具体的方法論を構築することである。そのためには信徒の心の根底にまでキリストの福音が浸透するための方法論が求められるのである。いわゆる「心の神学」という発想が必要である。従来の神学ではこの視点の体系的研究が不十分であった。ちなみに教理史の研究家ヤロスラフ・ペリカンはそれに関して次のような所見を述べている。

人間の感情は、「人間の主要な目的に仕え、神が人間をそのために創造された偉大な務め、すなわち、宗教という務めに仕えるために」神によって創造されていた。聖霊は理性と矛盾しなかったが、理性を超越し、人間の心の「中に住みたもう神」だったので、「人間の心の中に自然に存在する感情」は、「理性で考えること」を超えて「感情による思い」へと移る時には、神の存在を証明し、神の属性を発見する手段であった。(52)

少しわかりにくい文章であるが、要約すると、以下の通りである。すなわち、神は自分を人間に示すために人間に感情を与えた。そこで人間は、理性を超えた感情のレベルにおいて聖霊の働きを経験するのである。したがって、各々の人間は理性ではなく、感情を通して神の存在を証明することができる。また愛という神の属性を発見する手段は感情のみである。

そしていうまでもなく、この場合の感情とは、聖霊によって浄化され、聖化された感情、つまり、感謝、平安、落ち着いた喜び、快活さなどの精神である。

それに関連して、ペリカンは、はじめて聖餐にあずかった子供の「聖餐の意味が全部わかるわけではないが、いい気分になった」という感想の事例を紹介している。永遠のキリストが、聖霊の働きを通して子供の心の根底に親しく臨んだのである。(53)

聖餐においてこのような経験こそが、最も大切なことではないだろうか。果たして聖餐に参加する信徒の内で、素朴な感情として「いい気分になる」人がどれだけいるだろうか。目下、日本基督教団では聖餐論に関して混乱が生じているが、聖餐における宗教的感情は論点になっていない。なるほど精密な聖餐論も必要かもしれない。しかし、聖餐にあずかる信徒が実際にキリストの命を感じ取らないとすれば、礼拝は有名無実の儀式になるおそれがある。実はここに聖餐論に関する根本的な課題が横たわっているのである。

2　信仰と幸福感

ここでしばらく聖餐論を棚上げにして、人間の宗教感情について分析を深めることにする。アメリカの心理学者・哲学者であるウィリアム・ジェイムズ（一八四二～一九一〇）の見解によれば、宗教感情は人間の確実な幸福感の基礎を形成する。たとえばジェイムズは、カール・ヒルティ（スイスの思想家）の次のエッセイを紹介している。

神の霊が存在しかつ近くに在《いま》すということを、かつてその経験をもったことのある人々にとって否定できぬ明白なものたらしめるその目印しは、神の霊が近くに在すことと結びついたまったく比類のない幸福の感じである。その幸福感は、それゆえに、私たちが現世においてもちうる感じであり、……神の実在を示す最善のもっとも不可欠な証拠となるものである。この感情とひとしいほどの説得力をもった証拠はほかにない、それゆえに、幸福はあらゆる有効な新しい神学の出発点となるべきものである。(54)

今更いうまでもないことかもしれないが、もしも日常生活において何の喜びも感じられないならば、それは信仰そのものが形骸化していることを意味している。敬虔な信仰と深い幸福感は正比例するはずである。信仰の純化を通して、私たちはより確かな平安と生きている充実感を抱くことができるだろう。

ただし、ヒルティが述べているような幸福の境地に至るためには、幾多の信仰的試練をくぐり抜けねばならないのである（第一ペトロ一・六〜七）。人間の心の奥底には聖霊の働きを妨害する力が潜在している。現在の自我への執着（我見）およびそれに由来する様々な妄想である。この力はきわめて執拗であり、一朝一夕には消去することはできない。

そこで信徒は謙虚に自分の根底を点検し、ありのままの自己を見つめ直す必要がある。祈りと黙想はそのために必要な信仰活動なのである。このような活動を続けるならば、聖餐における「気分」も変化してくるはずである。

3　第八の日

繰り返しになるが、聖餐の「アナムネーシス」において、私たちは過去のイエスの死と復活を想い起こし、その恵みに感謝する。また聖餐の場に現在、存在しているイエスの命を経験する。この経験は本来、終末に起こる神の国の到来を先取りすることでもある。

この事柄に関連していうと、初期の時代から教会は、毎日曜日に聖餐を執行していたと考えられている。この場合の日曜日は、単に週の第一の日だけではなく、第八の日をも意味していた。[55] たとえば使徒教父文書として位置づけられている『バルナバの手紙』一五章八～九節には、次のような文章が書かれている。ちなみに使徒教父とは使徒たちの教えを受けた教父（教会の指導者）たちという意味である。また『バルナバの手紙』は一四〇年頃に書かれたと考えられている。

（主は彼らに）「つまり、わたしにとって喜ばしいのは今の安息日ではなく、わたしのつくった安息日であって、その日には、わたしはすべてを休み、第八日目のはじめ、つまり別の世界のはじめを作るであろう」（と言っておられるのである）。それゆえにわたしたちも、イエスが死人の中から復活し、（人々に）あらわれて、天に昇った第八日を祝うのである。[56]

「今の安息日」とはユダヤ教の安息日、すなわち、土曜日である。というのも神は天地創造を第七の日（土曜日）に完成し、安息したからである（創世二・一～三）。しかしイエスは日曜日に復活したので（第一コリント一五・四）、キリスト教の安息日は日曜日になった。

さらにイエスは、復活の日にすでに「別の世界のはじめ」、つまり、神の国の始まりに着手した。キリスト者は、イエスの復活を通して神の国を単なるアルカディア（理想郷）ではなく、現実の世界として受け取ることができるのである。そこで復活の日は、新しい世界の開始を意味するから、全く新しい週の初め、つまり、第八日目としても位置づけることができる。そしてアウグスティヌス（三五四～四三〇）は、日曜日について次のように論述している。

ともあれ、この第七日はわたしたちの安息であり、その終わりは夕べではなくて、いわば主の永遠の第八日である。それは霊のみではなく身体の永遠の安息をも予表するキリストの復活によって聖別された日である。そのとき、わたしたちは休み、かつ見るであろう。わたしたちは見、かつ愛するであろう。わたしたちは愛し、かつたたえるであろう。これこそ終わりなき終わりにおけることである。なぜなら、わたしたちの終わりとは、いかなる終わりもない御国（神の国）へ至ること以外ではないからである（『神の国』二二巻・三〇章）[57]。

ここからわかるように、完全な神の国は世の終わりにおいて成就し、それは永遠の安息である。この安息は人間の霊と体の両方におけるものであり、人間存在全体における平安を意味する。そして終末は全く新しい週の初め、つまり、第八日目である。この日は歴史の終わりであり、同時に終わりを持たない永遠の始まりであるから、「終わりなき終わり」である。またアウグスティヌスは『神の国』の別の箇所（一一巻・八章）で、世の終わりに神の国に入ることは、「神の中に永久の休みを得る」ことであると述べている[58]。

私たちはこの世においては、自分の存在を主体として、また神の存在を客体として、つまり自分の外側として位置づけている。しかし神の国・永遠の世界に入ることは、神自身の内側に入ることを意味する（コロサイ三・三〜四）。したがって、言い換えれば、神の国においてキリスト者各人の命は、神の命の内に包まれているのである。このような状態において真の安息と平安が訪れる。

そして聖餐の執行は、このような境地を先取りして、終末における神の国の安息と平安を現実化するのである。ちなみにヨハネ福音書の記事にはこのような境地が明示されている。

はっきり言っておく。わたしの言葉を聞いて、わたしをお遣わしになった方を信じる者は、永遠の命を得、また、裁かれることなく、死から命へと移っている。（五・二四）

はっきり言っておく。信じる者は永遠の命を得ている。（六・四七）

これはある種の「現在的終末論」を示唆しているといえる。ヨハネ福音書においても復活そのものは、終末の時に起こる（五・二八〜二九）。しかしイエスの復活を信じる者はすでに終末を先取りして、復活の命にあずかっている。すなわち、現在持っているこの世の命の内には霊の命・永遠の命が宿っているのである。この命を持つ者は、息を引き取る時、この世の肉体から離れて、純粋な霊の命の内に生きる。したがって、本来終末に起こるはずの出来事が、現在すでに起こっているといえる。これが現在的終末論である。

そして、聖餐においてもこのような現在的終末論の世界が開示されてくる。パンとぶどう酒を通して、また聖餐に関する言葉を通して、復活したイエスの命が信徒の交わりの内に現れる。それゆえ、聖餐にあずかる者は、この世において復活の命を受け取っているのである。

第五章　聖餐におけるキリストの命

この章では第四章の基礎的考察に基づいてさらにより詳しく聖餐の信仰論的・救済論的意義について論述する。その際、聖餐論の教理史、すなわち、カトリック、東方正教会、プロテスタント諸派などの聖餐論について検討すべきである。聖餐論の教理史は、キリストの命の本質をいかに理解すべきなのかという問題と深く関わっている。そこでまず最初にこの問題を論考する。

第一節　ヨハネ福音書における聖餐論

1　命のパン

新約聖書においてキリストの命は、聖餐との関係でどのように理解されているのだろうか。

この問題を考えるためには、ヨハネ福音書の記事をテキストにすることが最も適切である。ヨハネ福音書における主の晩餐の記事では、聖餐に関するテーマは存在しない。そこでは聖餐に替わって、イエスが弟子たちの足を洗ったという「洗足の記事」（一三・一以下）が書かれている。

しかしヨハネ福音書全体を読めばすぐにわかることであるが、この福音書の著者（仮に「ヨハネ」と名付けておく）は、明らかに聖餐に関心を持っている。なかんずく六章三二～六三節の記事は、ほかの福音書には認められないような聖餐に関する深い神学的モティーフが展開されている。

イエスは言われた。「わたしが命のパンである。わたしのもとに来る者は決して飢えることがなく、わたしを信じる者は決して渇くことがない」。（三五節）

「わたしの父の御心は、子を見て信じる者が皆永遠の命を得ることであり、わたしがその人を終わりの日に復活させることだからである」。（四〇節）

イエスは人々に自分自身を「命のパン」として示した。これは「神のパン」（三三節）と同じ意味であり、人間の命の源を表す象徴的な言語である。すなわち、命とはこの世の暫定的な命ではなく、永遠の命、すなわち、復活の命を指している。

ところでヨハネはなぜ象徴的言語を用いるのだろうか。もう少し詳しく検討してみる。「象徴（symbol）」の語源は「シュンボロン」σύμβολον というギリシア語であり、これはそれによってある事柄を示唆するしるしという意味である。また「シュンボロン」は「シュンバロー」συμβάλλω（結合する、比較する、解釈する）という動詞に由来する。これは二つのものを一つに結合すること、あるいは本来知覚できないものを知覚できるものによって解釈することを意味する。

そもそも神の国という世界は、本来この世を超越した世界であるはずであるから、わたしたちは神の国を直接見ることはできない。そこでこれら二つの世界を結びつけるためには象徴的言語が必要になる。

また新約聖書における「キリストの命」は、本来感覚的に把握できるものではない。そこでキリストの命を読者に伝えるためには感覚的形象、つまり、象徴的言語によって間接的に表現する以外に方法はない。ヨハネは以上のことを十分に理解していたので、福音書全体において象徴的言語を用いているのである。彼はこのような象徴の原理を用いて、イエスの歴史を再構成している。

このようにヨハネは、本来目に見えない神の働きを感覚的なレベルで経験できるようにした。

たとえばヨハネ福音書には次のように書かれている。

言《ことば》（イエス）の内に命があった。命は人間を照らす光であった。光は暗闇の中で輝いている。暗闇は光を理解しなかった。（一・四～五）

その光は、まことの光で、世に来てすべての人を照らすのである。（一・九）

光が世に来たのに、人々はその行いが悪いので、光よりも闇の方を好んだ。それが、もう裁きになっている。悪を行う者は皆、光を憎み、その行いが明るみに出されるのを恐れて、光の方に来ないからである。（三・一九～二〇）

この場合、イエスの命が「光」という象徴的言語として表現されている。「光」は、神の命、真理、希望、喜びなどを意味する。また神の光を受けないこの世は「暗闇」という象徴的言語として表現されている。「暗闇」は悪や死の状態、あるいは神に関して無知の状態を示している。

そして、聖餐における「パン」と「ぶどう酒」は、まさにイエスの命を表すための最適の言語である。そのことをヨハネ福音書を通して学ぶことができる。

2　肉と血（イエスの命）

ヨハネはイエスの言葉を通して次のような聖餐論を展開している（六・五一、五三〜五六）。

「わたしは、天から降って来た生きたパンである。このパンを食べるならば、その人は永遠に生きる。わたしが与えるパンとは、世を生かすためのわたしの肉のことである」。イエスは言われた。「はっきり言っておく。人の子の肉を食べ、その血を飲まなければ、あなたたちの内に命はない。わたしの肉を食べ、わたしの血を飲む者は、永遠の命を得、わたしはその人を終わりの日に復活させる。わたしの肉はまことの食べ物、わたしの血はまことの飲み物だからである。わたしの肉を食べ、わたしの血を飲む者は、いつもわたしの内におり、わたしもまたいつもその人の内にいる」。

新約学者J・ラムジー・マイケルズと伊吹雄の釈義によれば、この記事では聖餐のテーマが強調されている(59)。結論からいうならば、「生きたパン」とは六章三五節の「命のパン」と同じことであり、イエスのうちにある永遠の命を指す。「生きたパン」という言い回しは奇妙な言語表現であるが、これはおそらく四章一〇、一一節の「生きた水」に対応している言葉であろう[60]。

すなわち、生きた水とは井戸の水（四・一一）のように静止した水ではなく、流れている水であり、泉のごとく滾々《こんこん》と湧き上がってくる水である（四・一四）。この水は永遠の命をもたらすイエスの命を意味している。したがって、「生きたパン」も同じ意味であり、あらゆる命の源であるイエスの命を象徴的に表している。しかもこの言葉は聖餐におけるパンを前提にしたものである。ヨハネは、この言葉を通して聖餐のパンにイエスの命が現れるということを私たちに伝えようとしている。そしてヨハネはおそらく聖餐におけるパンとぶどう酒を念頭に置きながら、前者を「イエスの肉」、後者を「イエスの血」と見なしている。

イエスの肉

ちなみに共観福音書（マタイ、マルコ、ルカ）と第一コリント書ではイエスの命を表すために「体」という言葉が使われている。これに対してヨハネ福音書では「体」の替わりに「肉」という言葉が使われている。それはなぜだろうか。

第一に「肉」の原語は「サルクス」σάρξである。新約聖書においてサルクスとは、「実体」「人間の体（肉体）」「（体と魂を含んだ）人間存在全体」「すべての人類」など多様な意味を含んでいる。そもそも旧約聖書の人間論によれば、人間の肉体と魂（精神）は切り離されず、人間

各人は分割されない全体の存在としてとらえられる。この人間論は新約聖書にも継承されているわけである。(61)

そこでヨハネは「(イエスの)サルクス」という術語によって、イエスの人格・存在全体を表し、さらに個人を超えた人類全体を含む命の存在を示そうとしている。つまり、イエスは人類全体の命の源である。

第二にヨハネは「サルクス」という術語を用いることによって、イエスの歴史的現実性を主張している。すなわち、イエスは本来「ロゴス」λόγος であった。ロゴスは「言葉」を意味するが、ヨハネ福音書では神的本質をも意味する(一・一〜二)。

ロゴスであるイエスは、神の言葉であり、神そのものであった。しかし、人間の救済のためにあえて人間のサルクスを引き受けて、人々に神の栄光を現した(一・一四)。この出来事を「ロゴスの受肉」という。

そしてまさにこのロゴスの受肉というモティーフこそが、キリスト教における命の本質を表している。すなわち、神の超越的な命は、直接人間に与えられるのではなく、あくまでロゴスの受肉の出来事を通して、つまり、イエスのサルクスという次元を通して与えられるのである。そして聖餐は、まさにイエスのサルクスにあずかるためのサクラメントなのである。

第三に世の命のためのサルクスは、イエスの犠牲の死を意味している。この死は贖罪を表し、同時に永遠の命の分与を表している。六章三三節では「神のパンは、天から降って来て、世に命を与えるものである」と書かれている。また六章五一節では「わたしは、天から降って来た生きたパンである。このパンを食べるならば、その人は永遠に生きる。わたしが与えるパンとは、世を生かすためのわたしの肉のことである」と書かれている。

このように聖餐におけるパンは、イエスのサルクスであり、私たちを生かす命そのものである。イエスは自分の命を犠牲にして、それを世の人々に分け与えた。聖餐ではイエスの「ケノーシス」の愛が具体化している（三七頁参照）。

そして、「世を生かすためのわたしの肉（サルクス）」とは、原文を忠実に訳すと、「この世の命のためのサルクス」という意味である。「誰々のための」や「誰々のために」という独特の言い回しは、ほかの新約聖書の聖餐に関する記事にも使われている。たとえばイエスは主の晩餐の時、パンに関して、「これは、あなたがたのために与えられるわたしの体である。わたしの記念としてこのように行いなさい」（ルカ二二・一九）という指示を、またぶどう酒に関して、「この杯は、あなたがたのために流される、わたしの血による新しい契約である」（同二二・二〇）という指示を弟子たちに与えている（マルコ一四・二四、第一コリント一一・二四、ガラテヤ一・四参照）。これらの記事は、いずれもイエスの死が人々の贖罪のためであったということを意味している。

そしてヨハネ福音書の初めの記事において、贖罪のモチーフに関する暗示がある。イエスは「世の罪を取り除く神の小羊」であり（一・二九、三六）、また死んで新しい神殿になる（二・一九～二二）。またイエスは私たちに永遠の命を与えるために死んで復活した（三・一四～一六）。

福音書の後半になると、このモティーフはますます明確になっていく。イエスはよい羊飼いとして羊のために命を捨てる（一〇・一一、一五）。イエスは一粒の麦として死んで多くの命を生み出す（一二・二四）。またイエスは神によって選び出された人々のために自分を捧げる（一七・一九）。

イエスの血

ところでイエスの血（六・五三～五六）は十字架で流れ出た血であり、また死のメタファー（隠喩）であるといえる[62]。実際、ヨハネ福音書では、十字架の場面でイエスの体から血と水が流れ出ている（一九・三四）。興味深いことに、十字架の記事においてイエスの体から血が流れ出たということは、四つの福音書の内でヨハネ福音書のみに報告されている。

イエスの血は犠牲の死のメタファーであるだけではなく、イエスが現実に人々のために自分の命を犠牲にしたことを明示している。したがって、イエスの血は信じる者のためには贖罪のしるしとなっている（ローマ三・二五、五・九、ヘブライ九・一二）。

以上の論考からわかるように、イエスの肉を食べ、イエスの血を飲むということは、もちろん文字通りの意味ではない。それは聖餐においてパンを食べ、ぶどう酒を飲むことを暗示している。

3　霊と肉

ところがイエスは、以上の事柄を述べた後で、「命を与えるのは〝霊〟である。肉は何の役にも立たない。わたしがあなたがたに話した言葉は霊であり、命である」と聴衆に注意を促している（ヨハネ六・六三）。

すでに述べたように、イエスの肉を食べ、その血を飲む者は永遠の命を得るはずである（同六・五四）。それにもかかわらず、ここでは「肉（サルクス）は何の役にも立たない」と述べている。これは矛盾ではないのか。非常にわかりにくい教えである。

実は、マイケルズが説明しているように、六章五一節、五三節〜五六節の「サルクス」はイエスの人間存在のみならず、それを生かしている「霊」をも含んでいる(63)。たとえイエスがどのようにすぐれた人格者であったとしても、単なるサルクスの存在であれば、永遠の命に至ることはできない。イエスは十字架の死後、聖霊の力によって復活させられた（ローマ一・四、八・一一）。六三節の「霊」とは聖霊のことである。

それではなぜ私たちには聖霊だけではなく、イエスのサルクスが必要なのか。繰り返しになるが、十字架の場面においてローマの兵士が死んだイエスの脇腹を槍で刺したところ、血と水が流れ出た（ヨハネ一九・三四）。「血」はイエスの人性、すなわち、サルクスとしての存在を意味している。そして「水」は「生きた水」（同四・一〇、七・三八）、「永遠の命に至る水」（同四・一四）のことであり、これはヨハネ自身が説明しているように「霊」、すなわち、聖霊のことである（同七・三九）。言い換えれば、水はイエスの神性を指している。

ここからわかるように、私たちはイエスの神性を直接受け取ることはできない。私たちはイエスのサルクス（人性）を通してその神性にあずかるのである。そのためにロゴス・イエスはこの世で受肉したのである。聖餐にはこの原則がそのまま当てはまる。

なお念のために確認すると、ヨハネ福音書におけるイエスは、永遠の初めからロゴス（神的存在）であったが、人間の救済のために受肉した。しかも歴史的人物であるイエスは、同時に死んで復活した永遠の存在でもある（同一一・二五）。復活したイエスは、今日の私たちにも働きかけ、私たちの内に宿る（同一四・一八～二〇）。すなわち、イエスという一人の人格の内に過去・現在・将来という三つの次元が共存している。

最後にハンス・キュンクの所見(64)を参考にしながら、聖餐のポイントを整理してみる。

（1）過去の視点から見て、イエスはこの世でサルクスそのものになり、私たちの罪の贖いのために十字架の苦しみを受け、自分の命を犠牲にした。しかもイエスは死を通過して復活したから、聖餐は悲しみの食事ではなく、喜びの食事である。私たちは、この出来事に感謝し、イエスの「ケノーシス」の恩恵を信じて受け入れねばならない。

(2) 現在の視点から見て、イエスは霊の命であり、私たちにそれを分け与える。イエスのサルクスはもはやこの世にはないが、聖餐において無限の命として現臨している。現臨とはその場に現実に存在するということである。そこで要は、私たちがイエスという無限の命に留まることである(ヨハネ一五・四～一〇)。そのことは聖餐を通してイエス自身の命が私たちの内に留まることによって体得される(同六・五六)。たとえばそれは私たち各人が空気に包まれていて、同時に空気を体内に取り入れるようなものである。

そして、このような出来事は、キリストとの交わりであり、またキリストを中心にした信徒同士の交わりでもある。

(3) 将来の視点から見て、聖餐は終末におけるメシア的な食事の先取りである。ヨハネ福音書の聖餐論(六・三二～六三)の前に、イエスが五千人以上の群衆にパンと魚を分け与えたという記事がある(六・一～一三)。この記事は、終末に神の国で実現する宴会の幻視(ヴィジョン)であると解せられる。

したがって、私たちは聖餐において終末に起こるはずの世界を部分的に見通すことができる。

つまり、聖餐には終末論的要素が内包されている。

（4）以上のように、聖餐において過去のイエスの救済行為と現在のイエスの現臨と将来・終末における神の国の宴会が同時に起こっている。すなわち、過去・現在・将来という時間が一体化しているから、永遠の世界が聖餐の場に開示されている。私たちは、このような神秘的な出来事を経験するという偉大な恵みにあずかっているのである。

第二節　聖餐論の教理史

この節ではカトリック、東方正教会（以下、「正教会」と省略）、プロテスタントにおける聖餐論の特色を説明する。ただし、その前にまず古代の教会における聖餐論を考察し、本来の聖餐の本質について把握しておく。

1　古代の教会

新約聖書の時代以後の初代教会

初代教会の時代は、学問上厳密に規定されているわけではない。ここでは使徒および新約聖書の時代（一世紀）からニカイア公会議（三二五）までの期間を指すことにする。この期間には使徒たちのほかに新約聖書の編集者、使徒教父、弁証家およびギリシア教父とラテン教父が活躍した。

使徒教父とは使徒たちの教えを受けた教父たちという意味である。一世紀末から二世紀前半にかけて活躍した。教父とは、古代教会の著者の中で、教会によって使徒的信仰の代弁者として承認されている指導者たちを指す。また弁証家（御教家）とは、初代教会の時代、キリスト教攻撃に対してキリスト教の正当性に関する弁証の書物を著した教父や学者を指す。

新約聖書の時代の聖餐論については、第四章とこの章の第一節ですでに説明した。そこでここではそれ以降の初代教会の聖餐論について簡単に言及する。

まず第一のポイントは、二世紀から三世紀のほとんどの正統派教父たちが、聖餐においてキリスト自身が現臨していることを信じていたということである。

たとえば使徒教父文書『イグナティオスの手紙―ローマのキリスト者へ』七章三節によれば、聖餐のパンは、神のパン（ヨハネ六・三三）、イエス・キリストの肉であり、ぶどう酒はイエス・キリストの血である。[65]

また同書『イグナティオスの手紙―スミルナのキリスト者へ』七章一節によると、聖餐は「私達の罪のために苦しみを受けた、私達の主イエス・キリストの肉」[66]である。

そして弁証家ユスティノス（?〜一六五頃）の見解によれば、聖餐とは、キリストにおいて生きている者たちのためにキリストが「サルクス（肉）」となったことへの想起であり、また人間を罪と死の力から救うためにキリストが受けた苦難への想起である。しかもこの想起は単にキリストを記念するということではなく、会衆の中にキリスト自身が現臨していることを悟るということである。(67)

第二のポイントは、聖餐にあずかることは、永遠の命を受ける準備になるという信仰である。たとえば使徒教父文書『イグナティオスの手紙―エペソのキリスト者へ』二〇章二節によれば、聖餐のパンを裂くこと（第一コリント一〇・一六以下）は、「不死の薬、死ぬことなくイエス・キリストにあって常に生きるための（死に対する）解毒剤(68)」である。

またリヨンの主教（司教）エイレナイオス（一三〇頃～二〇〇頃）の見解によれば、聖別を受けたパンは、もはや普通のパンではなく、二つの実体、すなわち、地上の実体と天の実体の二つから成立する聖餐であるように、聖餐を受けた体はもはや滅びることがなく、永遠の命への復活の希望を持っている。(69)

初代教会以降

ちなみに後代になって、モプスエスティア（小アジア）の主教テオドロス（三五〇頃～四二八）は、以上の二つのポイントを論理的に結合して、より詳細に論述している。彼の聖餐論によれば、キリストがパンを弟子たちに与えた時、彼は「これは私の体の象徴である」と語ったのではなく、「これは私の体である」と語った。というのは、聖霊の働きでパンとぶどう酒はキリストの体と血に変化するからである。それによってそれらは霊的で不死の養育の力へと変化するのである。(70)

またギリシア教父の一人であるダマスコのヨアンネス(六七五頃〜七四九頃)の聖餐論によれば、聖餐のパンとぶどう酒は、キリストの体と血の模写ではなく、神性を有するキリスト自身の体と血である。聖霊の到来により、パンとぶどう酒はキリストの体と血に変化する。そして聖餐を受ける人々は、イエスの神性にあずかり、イエスとの交わりの内に留まる。(71)

ちなみにダマスコのヨアンネスの神学は正教会のみならず、カトリックによっても尊重されている。聖霊の到来により、パンとぶどう酒はキリストの体と血に変化するという教えは、後代の正教会の聖餐論に影響を与えたと考えられる。またカトリックはダマスコのヨアンネスの聖餐論を直接受け継いだかどうかは不明であるが、いずれにせよ、中世になって、パンとぶどう酒がキリストの体と血に変化するという教えはカトリックの正式な教理になった。

エピクレーシス

「エピクレーシス」ἐπίκλησις というギリシア語は、本来「呼びかけ」「祈り」「祈願」「訴え」

などという意味である。そして教会では、聖霊が聖餐に降臨するための祈りという特別の意味で使用されている。つまり、聖霊が聖餐の場に降臨するように呼びかけ、祈願するということである。そして正教会では現在もエピクレーシスは、聖餐式（聖体礼儀）において不可欠な要素になっている。

ジャン＝ジャック・フォン・アルメンの解説によれば、エピクレーシスの最初の形は、最古の聖餐の伝承に遡及するところの「マラナ・タ（主よ、来てください）」（第一コリント一六・二二、黙示録二二・二〇）という言葉に求められる。これはまもなく主の再臨があるという切迫した終末論的信仰に基づいている。(72)

ところですでに第四章で考察したように、ヘブライ的なアナムネーシスとは、神の恵みの行為を積極的に想い起こすことによって、それを現在化するということである。そして聖餐の「アナムネーシス」において、私たちは過去のイエスの死と復活を想い起こし、その恵みに感謝する。また聖餐の場に現在、存在しているイエスの命を経験するわけである。そこでエピクレーシスとは、新約聖書のアナムネーシス（ルカ二二・一九、第一コリント一一・二五）における「主の現臨」を最も明確に意識化するための祈祷であるといえる。

たとえば、ローマのヒッポリュトス（一七〇頃～二三五頃）の『使徒的伝承』（三世紀）には、次のような祈祷文が記載されている。

あなたの聖なる教会の献物《ささげもの》の上に聖霊を送ってください。教会を一つに集め、聖なるものに与《あずか》るすべての人が聖霊に満たされ、真理の内に信仰が強められ、御子イエス・キリストによって主を賛美し、ほめたたえることができますように。栄光と誉れはキリストによって父と子と聖霊とともに聖なる教会の中で今も、世々限りなくありますように。アーメン。(73)

献物とはパンとぶどう酒を指す。ここでは直接「主の現臨」について言及されているのではないが、聖霊がパンとぶどう酒に降臨することによってキリスト自身の現臨が希求されている。そしてエピクレーシスにおける最も有名な図式は、次のようなものである。すなわち、教会は神に会衆と聖餐の形色《けいしょく》の上に聖霊を派遣することを求める。というのは、聖霊によって形色が聖別され、キリストの体と血になり、そして会衆が教会の一致の内に構成され、最後の審判における断罪から救われるからである。(74)

「形色」とはパンとぶどう酒の外観を指す。またすでに述べたように、「マラナ・タ（主よ、来てください）」という終末論的信仰がエピクレーシスの原型である。またエピクレーシスは、聖餐におけるアナムネーシス（想起）のモティーフを前提にしている。したがって、古代の教会は、聖餐においてエピクレーシスを唱えることによって、終末の主の再臨を先取りし、キリスト自身が親しく会衆に臨むことを祈願したのである。

　ただし、ヒッポリュトスの祈祷文には聖霊の働きによって聖餐の形色がキリストの体と血になることは求められていない。後代になって、ヨアンネス・クリュソストモス（三五〇頃～四〇七）のビザンティン典礼（正教会の典礼）によるエピクレーシスの中に「聖霊がパンとぶどう酒をキリストの体と血に変える」ように祈願する言葉が付加された。そしてこのような聖餐の変化という論理は、正教会だけではなく、カトリックにも採用され、教理になった[75]。

　ところで日本基督教団の聖餐式の式文にはエピクレーシスに相当する祈祷文は記載されていない。プロテスタントは、聖餐におけるパンとぶどう酒の変化の教理を認めていない。しかし、新約聖書におけるアナムネーシスという主の命の現臨は、聖餐に関する不可欠なモティーフである。繰り返しになるが、『日本基督教団口語式文』にも「キリストのからだと血とにあずかるとき、キリストはわたしたちのうちに親しく臨んでおられます」（一一〇頁）と記載されている。

　したがって、聖霊の働きを通して主の命の現臨、つまり、イエスの死と復活の出来事に関する現在化を求めるというエピクレーシスは、プロテスタント教会にも導入されるべきであろう。日本基督教団の中でもすでに聖餐式でエピクレーシスの言葉を用いている教会がある。なお『日本基督教団口語式文』の聖餐式には「深き憐れみにより、わたしたちの祈りをきき、みことばとみ霊《たま》とをもってこのパンとぶどう酒とを祝し、これを聖別してください」（一一二頁）という祈祷文が書かれている。この祈祷文は、幾分エピクレーシスの要素を含んでいるのかもしれない。

（口絵6）ディルク・ボウツ「最後の晩餐」では、キリストが聖餐を制定したということが表現されている。

2　中世カトリック教会

実体変化説

カトリックの聖餐論は、「実体変化説」であり、中世において教理として確定した。これは聖体祭儀においてパンはイエスの体に、ぶどう酒はイエスの血にそれぞれ実体的に変化するという教えである。なおカトリックの教理とは、信徒が認める必要があるものとして教会が教えるすべての真理を指す(76)。

このような聖餐論は、すでに神学者パスカシウス・ラドベルトゥス（七八五頃～八六〇頃）の見解に認められる(77)。彼によれば、キリストは主の晩餐のパンについて「これは私の体の象徴である」と語ったのではなく、「これは私の体である」と語った（第一コリント一一・二四）。すなわち、聖餐の外観（形色）はパンとぶどう酒であるが、その真の現実は、キリストの体と血の現実である。聖餐式の聖別後、パンとぶどう酒の色と味は変わらないが、これはあくまで外観であって、実際に現臨しているのは、キリストの体と血である。しかもこの現臨は、客観的な現実であるから、「ふさわしくない態度で（第一コリント一一・二七）」聖餐を受けた者もキリストの体と血を受けることになる。

またラドベルトゥスは、各々のミサにおいてキリストの犠牲が繰り返されると教えている。ヘブライ書七章二七節では「この方は、ほかの大祭司たちのように、まず自分の罪のため、次に民の罪のために毎日いけにえを献げる必要はありません。というのは、このいけにえはただ一度、御自身を献げることによって、成し遂げられたからです」と書かれている（ほかに同九・二六）。しかし、ラドベルトゥスはこの聖句を承知しつつも、キリストの犠牲が毎日繰り返されるということを教えている。なぜならば、彼によれば、日毎に罪が存在するのであるから、罪のための日毎の犠牲もなければならないからである。以上がラドベルトゥスの聖餐論であり、この教えは後に第四ラテラノ公会議（一二一五）において確定された。

この教会においてイエズス・キリストは司祭であると同時にいけにえであり、その体と血が祭壇の秘跡の中において、パンとブドー酒の形色のもとに実際に含まれている。すなわち、神の力によってパンは体に、ブドー酒は血に実体変化するのである[78]（DS八〇二）。

またフィレンツェ公会議（一四三九～一四四五）で決定された『アルメニア人合同の大勅書』（一四三九）によれば、次のことが記載されている。

> この（聖体の）秘跡の形相は、この秘跡を制定した救い主の言葉である。司祭はキリストの代理としてその言葉をとなえてこの秘跡を挙行する。この言葉によってパンの実体はキリストの体に、ブドー酒の実体は血に変わるのである。しかし、全キリストがパンの形色のもとにも、全キリストがブドー酒の形色のもとにも含まれている。聖別されたパンとブドー酒のどの部分にも、別々に全キリストがいるのである[79]（DS一三二一）。

「形相」とは、古代ギリシアの哲学者アリストテレス（前三八四～三二二）の概念に由来する。ギリシア語では「エイドス」εἶδος である。これは完成された純粋な形を指す。またエイドスになる前の段階は、「ヒュレー」ὕλη と呼ばれ、「質料」と訳されている。ヒュレーは物質である。たとえば机作りの職人は、あらかじめ制作する机のエイドスを想定して、木材などのヒュレーを用いて、机を完成する。職人の想像力を通してエイドスが実現するわけである。

聖餐の場合には、聖餐を制定したイエスの言葉の内容（「これは私の体である」）がエイドスに当たる。言い換えれば、エイドスはイエスの純粋で完全な体である。またパンとぶどう酒はヒュレーである。そしてカトリックの教理によれば、司祭を通して語られるイエスの言葉は、ヒュレーを変化させ、内容に含まれるエイドスを実現させる。エイドスには完全な形がなければならない。そこで聖餐においてイエスの命が現臨するためには、イエスの体と血という明確な形が必要であるということである。そしてパンとぶどう酒の形色が明確な形を示している。つまり、イエスの体の実体とパンとぶどう酒の形色は密接不可分の関係にある。

ちなみに『アルメニア人合同の大勅書』ではエピクレーシスの有効性は否定されている。なお拙著『信仰の基礎としての神学』一五七頁には、「カトリック教会ではエピクレーシスが捧げられる」と書かれているが、これは「東方正教会ではエピクレーシスが捧げられる」の誤りである。お詫びして訂正しておく。

またカトリックの対抗改革のために開かれたトリエント（トレント）公会議（一五四五〜一五六三）でも実体変化説が確認された。すなわち、パンとブドー酒の聖別によって、パンの実体はことごとくキリストの実体となり、ブドー酒の実体は、ことごとくその血の実体に変化する。したがって、キリスト全体がパンの形色のどの部分にも含まれ、またキリスト全体がブドー酒の形色のどの部分にも含まれている[80]（DS一六四一〜一六四二）。

ミサにおいてキリストが血を流さずに自分自身を捧げているということが決定された[81]（DS一七四三）。すなわち、ミサの聖体はいけにえとしてのキリストの体であり、このいけにえは十字架のいけにえの再現であり、その記念である。

トマス・アクィナスの聖餐論

以上のカトリックの教理を正確に理解するために、トマス・アクィナスの所見を参考にする。彼の『神学大全』における聖餐論の要点を簡潔にまとめると次の通りである。[82]

すなわち、聖体の秘跡（聖餐のサクラメント）の内にキリストの体と血が現実に存在する。というのも、キリストによって制定された新約の犠牲は、旧約のそれとは異なり、単なる象徴的な表示ではなく、事柄の真実においてキリスト自身を含んでいなければならなかったからである。旧約の犠牲は新約におけるキリストの犠牲の象徴的表示または予表に過ぎない（ヘブライ一〇・一）。

したがって、聖体の秘跡はキリスト自身を実在的に含んでいる。そしてキリスト自身を含むということは、当然、その体と血を伴っていることを意味している。ただし、ヨハネ福音書六章六三節で証言されているように、キリストの体は、可視的なものではなく、聖霊の力によって存在する。

それゆえ、この真理は感覚によって認識されず、神的な権威により頼むところの信仰によってのみとらえられる。したがって、「これはあなたたちのために与えられる私の体である」（ルカ二二・一九）というキリストの言葉を信仰によって受け入れねばならない。

それでは聖体の秘跡においてキリストの体と血はどのような方法で存在しうるのか。キリストの体の本体は、天国に存在する。そうすると、キリストの体は、天国からミサが執行されている教会に移動するのか。しかしそういう考え方は、キリストの昇天の教えに矛盾するからあり得ない。

そうであるならば、聖体としてのパンがキリストの体に変化する以外には、教会に存在することは不可能である。したがって、聖別によってパンはキリストの体に変化し、パンの実体はもはや残存することはない。もちろんパンの外観は存続する。そこで各教会で同時にミサが執行されているならば、キリストの体は各教会に同時に存在することになる。

そして以上の変化は、諸々の自然的な変化ではなく、もっぱら神の力によってのみ生じさせられた超自然的な変化である。このように秘跡においてパンの全実体がキリストの体の全実体に、そしてぶどう酒の全実体がキリストの血の全実体に変化するのである（全実体変化説）。

以上がトマスの聖餐論の要点である。

実体変化説の是非

プロテスタントの立場からいうならば、実体変化説に賛成することはできない。その根拠は聖書の純粋な釈義によってもたらされる。福音信仰に基づく限り、聖書の釈義的解釈から逸脱した教理は認められない。

そもそも主の晩餐における「これは、あなたがたのためのわたしの体である。わたしの記念（アナムネーシス）としてこのように行いなさい」（第一コリント一一・二四）というイエスの言葉は何を表しているのか。もしも主の晩餐においてパンが実際にイエスの体に変化したとすれば、その場面でイエス自身の体とパンにおけるイエスの体という二つの体が生じることになる。これはきわめて面妖なことである。いわんや、パンがイエスの体に実体的に変化するなどということは、イエスの意図を超えてしまっている。

イエスの言葉は、パンそのものにイエスの命が宿るということではなく、聖餐の場においてイエスの命が現臨しているということを意味している。第四章で説明したように、イエスは、主の晩餐への「アナムネーシス（想起）」によって、歴史的出来事である主の晩餐を現実化・現在化することを命じたのである。

さらにいうならば、聖書の言葉に含まれている象徴的語法も考慮する必要がある。すでに説明したように、「象徴 symbol」の原語は、「シュンボロン」σύμβολον というギリシア語であり、その語源は本来、二つのものを一つに結合すること、あるいは本来知覚できないものを知覚できるものによって解釈するという意味である。この意味についてもう少し詳しく検討する。

正教会の司祭アレクサンドル・シュメーマン（一九二一～一九八三）の解釈によれば、「シュンボロン（象徴）」とは、人がそれによってあるものを推論するしるしであり、経験的なものと霊的なものを結合するという機能を果たす。そしてキリスト教的なシュンボロンは、一般的なシュンボロンとは異なり、シュンボロン以外では開示することのできない別の現実を開示する。(83)

すなわち、不可視のイエスの命や神の国という現実である。しかもこのシュンボロンは信仰と切り離すことができない。信仰は、「望んでいる事柄を確信し、見えない事実を確認すること」（ヘブライ一一・一）である。つまり、聖餐にあずかる者は、信仰とシュンボロン（聖餐）を通して見えない事実であるイエスの命を確認し、また望んでいる神の国を確信する。

それによって教会は、過去におけるイエスの死と復活を現在化し、また将来の終末における神の国の到来をも現在化する。したがって、聖餐を単なる象徴と見なすかどうかは別として、聖餐にはこのような特別な象徴的機能が存在していることは間違いない。そしてこのような象徴的機能に注目するならば、聖餐のパンとぶどう酒を超えて、それが指し示しているイエスの霊の命に気づくだろう。つまり、カトリックのような実体変化説を信じる必要はないのである。

3　東方正教会（ギリシア正教会）

結論からいうならば、正教会の聖餐論も実質的には実体変化説に近い。ただし、カトリックではキリストの言葉によってパンの実体はキリストの体に、ぶどう酒の実体はキリストの血に変わるのであるが、正教会ではエピクレーシスの祈りによってパンがキリストの体に、ぶどう酒がキリストの血に変化する。

このようにエピクレーシスは東方の典礼の標準的な一部分で、たとえば『クレメンスの典礼』では、司祭は聖餐の設定の言葉を唱えた後で、「このパンをあなた（父なる神）のキリストの体とし、この杯をあなたのキリストの血とするために、この犠牲の上にあなたの聖霊を送ってください」と祈った。ほとんど同一の定式文が『バシレイオスの典礼』と『ヨアンネス・クリュソストモスの典礼』の聖餐の祈りにも記載されている。(84)

そもそも正教会はギリシア語を共通語とする東ローマ帝国（ビザンティン帝国）で発展したから、ギリシア語による神学用語を重視する。たとえば聖餐（聖餐式）を意味するギリシア語は「エウカリスティア」εὐχαριστία である。この言葉は英語の Eucharist（聖餐・聖体）の語源である。

新約聖書の時代のエウカリスティアは「感謝」「感謝を捧げること」「感謝の祈り」という意

味であり、「主の晩餐」を意味しなかった。しかし後の時代になって、正教会ではエウカリスティアは聖餐を表す特別な術語として使用されるようになった。そしてパンとぶどう酒、その奉献の行為、聖変化（パンがキリストの体に、ぶどう酒がキリストの血に変化すること）、領聖《りょうせい》（聖変化したパンとぶどう酒を受け取ること）という一連の典礼全体がエウカリスティアと呼ばれる。それはなぜかというと、典礼における各々の行為は信徒の感謝（エウカリスティア）の表明であるからである。すなわち、神の恵みに対する感謝の気持ちである。言い換えれば、エウカリスティアの典礼において人間は感謝の気持ちを取り戻すのである(85)。

ところでヨハネ福音書一七章三節では「永遠の命とは、唯一のまことの神であられるあなたと、あなたのお遣わしになったイエス・キリストを知ることです」というイエスの祈りの言葉が書かれている。この場合の「神を知る」「イエス・キリストを知る」というのは、神を愛し、イエス・キリストを愛するということである。そしてそれは神とイエス・キリストの愛の恵みに感謝することを意味する。

そこでアレクサンドル・シュメーマンの解釈によれば、神とキリストを知ることは感謝の内に成就する。人は神を知るために造られ、神を知ることの内に永遠の命を示される。このように、エウカリスティア（聖餐）における感謝の行為によって人は神の知識を回復し、永遠の命を得ることができる。

またエウカリスティアの目的は、いわゆる聖変化にあるのではなく、参加者が命であるキリストを共有することである(86)。

なお正教会では一般信徒にパンだけではなく、ぶどう酒をも配る。カトリックの通常のミサでは、一般信徒はぶどう酒を飲まない。

以上の考察からわかるように、正教会ではある程度、聖餐論の多様性が認められているようである。聖変化の教理は別として、プロテスタントも正教会の聖餐論から多くのことを学ぶことができる。

4 プロテスタント

マルティン・ルターとウルリヒ・ツヴィングリの聖餐論

ドイツの宗教改革者マルティン・ルター（一四八三～一五四六）は、聖餐の本質をキリストの現臨として理解した。彼の聖餐論の要点は次の通りである(87)。

カトリックのミサ（聖餐）では、司祭がキリストを犠牲として神に捧げる。しかしこれは誤りである。聖餐はむしろ反対に、キリストが私たちを捧げる典礼である。すなわち、キリストと一緒に私たち自身を神に捧げるのである。私たちは祈り、賛美、感謝をキリストの内に、キリストを通して捧げる。

聖餐は神から受ける賜物である。それは恵みにおける神の主導に基づくものであり、人間の業《わざ》によるものではない。

カトリックの実体変化の教理は、キリストの現臨に関する哲学的な論理であり、信仰告白とは異なるから、受け入れることはできない。

聖餐におけるキリストの現臨は、あくまでキリスト自身の制定語、つまり、「これは、あなたがたのためのわたしの体である。わたしの記念（アナムネーシス）としてこのように行いなさい」（第一コリント一一・二四）という言葉に基づくのであり、この真理は信仰のみによって受け入れられる。そこに哲学的説明が介入する余地はない。

以上がルターの聖餐論の要点である。

ウルリヒ・ツヴィングリ（一四八四～一五三一）はルターの宗教改革の影響を受け、スイスのチューリッヒの宗教改革を実行した。しかし、彼はルターの聖餐論（聖餐におけるキリストの現臨という理解）には反対した。ツヴィングリの聖餐論の要点は次の通りである。(88)

聖餐のパンとぶどう酒はキリストの体と血ではなく、その象徴である。キリストの体は天国にあるから、聖餐の内には存在しない。私たちは聖霊を通して神の恵みを受けるから、聖餐におけるキリストも霊的な存在である。霊のキリストがアナムネーシス（想起）を通して信仰者の魂の内に現臨するのである。

以上がツヴィングリの聖餐論の要点である。

一五二九年、ツヴィングリはルターとマールブルクで会談を行い、プロテスタントの統一実現を図ったが、聖餐問題において一致せず、失敗した。このように、教会の指導者たちによる聖餐理解の相違が、プロテスタントにおける分裂の主要な原因の一つになっている。

ジャン・カルヴァンの聖餐論

ジャン・カルヴァン（一五〇九〜一五六四）は元来フランス人であるが、スイスのジュネーヴで宗教改革を行った。聖餐理解に関して、カルヴァンはルターとツヴィングリの中間の立場をとった。彼の『キリスト教綱要』における聖餐論の要点を簡潔にまとめると次の通りである。(89)

カトリックの実体変化の教理は誤りである。キリストが物体として、パンとぶどう酒の中に場所を限って存在することはあり得ない。

キリストの体は昇天後、天国にある（ルカ二四・五一、使徒一・九）。聖餐においてキリストは実在するが、それは霊的な意味である（霊的現臨）。すなわち、キリストの現臨は単なる象徴ではないが、ルターが主張したように、キリストの体が同時にいくつもの聖餐台に分かれて存在できるということでもない。

聖餐の奥義は、天上的なものである。聖餐において信徒は、聖霊によって天国に引き上げられ、キリストと共に天国の祝宴の予兆を共有する。それゆえ、キリストの霊（聖霊）を持たないままで食する者は、気の抜けたぶどう酒を飲むに等しい。

「和協信条」

後にルター派の教会は、ルター派内部の神学的論争を解決するために統一した信条を作成した。これは「和協信条」（ドイツ語では Die Concordien-Formel）と呼ばれている。これは一五八〇年に出版された。この信条の第七条では「主の晩餐においてキリストの体と血は、真実に実体的に存在し、それらは真実にパンとぶどう酒と一緒に分配され、取られる」と宣言されている。これはルターの聖餐論を受け入れると同時に、聖餐におけるキリストの霊的現臨というカルヴァンの見解を拒否していることを意味している。

さらにミサにおける実体変化およびキリストの犠牲の繰り返しというカトリックの教理を否定している。(90)

「ウェストミンスター信仰告白」

第三章で参考にした「ウェストミンスター信仰告白」第二九章では次のような聖餐論が決定されている。すなわち、ミサにおける実体変化およびキリストの犠牲の繰り返しというカトリックの教理は誤りである。この点では「和協信条」と一致している。実体変化の教理は聖書に矛盾するだけではなく、理性と常識にも矛盾する。

しかし「和協信条」とは異なり、聖餐においてキリストの体は存在せず、霊のキリストのみが現臨する。この見解は、カルヴァンのそれを踏襲したものである(91)。

ちなみに今日《こんにち》のプロテスタントの聖餐論は、概ね「和協信条」または「ウェストミンスター信仰告白」のそれを基本にしたものであるといえる。

5 聖餐論の結論

以上、二章にわたって、聖餐論の本質と沿革を概ね論考することができた。プロテスタントの立場に関して、どの聖餐論が正しいのかということは一概にはいえない。繰り返し論述したように、重要なことは、教会がキリストの制定の言葉（ルカ二二・一九、第一コリント一一・二三〜二五）を基本にして、キリストの十字架と復活の出来事を現在化することである。すなわち、聖餐の場面に臨んでいるキリストの命を受け取り、共有することである。

また教会は終末論の視点から、すなわち、終末においてキリストが再臨し、神の国が到来することを視野に入れながら、聖餐を執行しなければならない。言い換えれば、聖餐の典礼において過去のイエスの死、現在の聖餐の執行、将来の神の国という三つの次元が同時に含まれているのである。三つの次元の同時化によって、会衆の前に永遠の世界が開示される。そのためには聖霊の働きおよびそれをもたらす司式者の祈祷が必須である。エピクレーシスはその方法の一つである。

第六章　終末論と救済論

端的にいうと、教会の宣教内容は、終末論に基づく救済論である。大抵の神学書では救済論と終末論は別個の主題として扱われている。しかし、救済論を視野に入れない終末論は悲観論に陥り、反対に終末論を視野に入れない救済論は楽観論に陥る。そこで本章では終末論と救済論を相互に連関させながら、福音の本質について考察する。その際死生観も不可欠な主題になる。

第一節　キリスト教の終末論

1　終末論の本質

一般的な終末論（Eschatology）とは、終末、すなわち、最後の事柄に関する教説である。英語の Eschatology はギリシア語に由来し、本来「エスカタ」ἔσχατα のついての「ロゴス」λόγος を意味する。エスカタは「最後の事柄」、ロゴスは「言葉」「思想」「考察」などを指す。したがって、終末論の定義は概して、「人間と世界との究極的運命についての思想または教説」[92]ということになる。そしてキリスト教の救済論の根底にはこのような終末論的な世界観が厳然として確立されている。すなわち、人間の歴史と世界全体には必ず終わりがあり、時間は終末に向かって流れている。このような世界観は日本の宗教や思想には見いだされない。概して東洋思想全体にも終末論はないといえる。

しかしながら、キリスト教の終末論は、単に世の終わりの事柄だけではなく、その事柄の後に起こる出来事をも含んでいる。真の人間の本質は、この世では不完全である。それは終末の後の完全な世界においてはじめて完成する。そして新しい完全な人間は、神との交流および自然との調和において生きることができる。

ちなみに新約学者ニコラス・トーマス・ライトの所見によれば、キリスト教的終末論とは、歴史が神の導きのもとで働いており、この世界が正義と癒しと希望の神によって新しい世界に向かって進んでいるという思想である[93]。すなわち、この思想はいたずらに世界・宇宙の破局を強調するのではなく、むしろ現在の世界・宇宙の根本的な刷新を本質的に含んでいる。

また哲学者エルンスト・ブロッホの所見によれば、キリスト教の神の国という理想的世界は、既成の宇宙秩序に対して先鋭な新しさを示し、そこにはヨハネの黙示録における「新しいエルサレム」（三・一二、二一・二）という考え方により世界を克服しようとする飛躍がある。これに対して、仏教の「涅槃《ねはん》」という境地にはそのようなものは含まれていない(94)。「新しいエルサレム」とは神の国を意味し、宇宙創成以来存在している世界を完全に超えた新しい環境世界である。つまり、キリスト教においては自分の心だけではなく、世界全体が変わらなければ、真の救いはあり得ない。

仏教の「涅槃」とはあらゆる煩悩が消滅し、苦しみを離れた安らぎの境地である。これが仏教の究極の救いであり、釈迦はこの境地に入ったという。しかし、涅槃は各人の心の状態であり、外側の環境世界の変化を前提にしない。

2　終末論の歴史的展開

ところですでに旧約聖書の中には終末論がテーマになっている文書がある。たとえば将来、メシア的な人物が世界を支配して正義と平和をもたらし、自然の中にも平和の秩序を構築する（イザヤ一一・一〜一〇）。また神は将来のある日、死者を復活させ、死そのものを滅ぼす（同二五・八、二六・一九）。あるいは将来の「主の日」に神の審判が行われるが、その前にエリヤがイスラエルに到来する（マラキ三・一八〜二三）。

このような旧約の預言を受けいれた洗礼者ヨハネが、イエスの時代に現れて、ユダヤの荒れ野で宣べ伝え、「悔い改めよ。天の国は近づいた」といった（マタイ三・一〜一二）。そして間もなくメシアが到来して、旧約で預言されていた「神の怒り」（ヨエル一・一五、アモス五・一五〜二〇、ゼファニヤ一・一四〜一八）が実現するということを宣言したのである（マタイ三・七〜一二）。

また「天の国」は「神の国」と同義である。すなわち、神の支配する世界である。洗礼者ヨハネによると、近いうちに神の国が到来して、神の公平な審判が実現する。その日は、義人にとっては救いの日となり、罪人《つみびと》にとっては裁きの日になる。

そしてその後でイエスが洗礼者ヨハネの教えを継承して、神の国の接近を人々に宣教したのである。第一章ですでに述べたように、イエスが伝えた福音は終末論的な本質を含んでいる。イエスは「時は満ち、神の国は近づいた。悔い改めて福音を信じなさい」と宣教した（マルコ一・一四〜一五）。

「時が満ちた」ということは、終末の時の到来が現実化しているということである。もちろんイエスの宣教以来、まだ完全な終末は実現していない。しかしイエスの教えによると、終末は明日到来するかもしれないという可能性を秘めている。イエスの出現を境にして歴史は根本的に変化した。主の日（終わりの日）は盗人のように襲来する（第二ペトロ三・一〇）。

そして「神の国」は、旧約思想に由来し、神が支配する世界を指し、神のみが王であり、統治者であるということが前提になっている。神の国は将来の主の日に実現し、その日には神が審判と救いを完成する（イザヤ一三・六、二五・六～一〇）。

またパウロの手紙の大半において終末が接近しつつあることが強調されている。盗人が夜やって来るように、主の日（終末の日）は到来する（第一テサロニケ五・二）。その日、神のラッパが鳴り響くと、キリストが天から降って来る。そしてキリストに結ばれて死んだ人たちがまず復活し、それから生き残っている人たちが空中でキリストと出会うために雲に包まれて引き上げられる（同四・一六～一七）。また第一コリント書、第二コリント書、コロサイ書などにも、最後の日のキリストの到来（再臨）および死人の復活が述べられている（第一コリント一五・二三～二五、五〇～五五、第二コリント一・一四、四・一四、コロサイ三・四）。

さらにパウロの手紙以降に成立した第二ペトロ書三章一〇～一三節では次のように書かれている。

主の日は盗人のようにやって来ます。その日、天は激しい音をたてながら消えうせ、自然界の諸要素は熱に熔け尽くし、地とそこで造り出されたものは暴かれてしまいます。このように、すべてのものは滅び去るのですから、あなたがたは聖なる信心深い生活を送らなければなりません。神の日の来るのを待ち望み、また、それが来るのを早めるようにすべきです。

その日、天は焼け崩れ、自然界の諸要素は燃え尽き、熔け去ることでしょう。しかしわたしたちは、義の宿る新しい天と新しい地とを、神の約束に従って待ち望んでいるのです。

以上の考察をまとめると、終末の出来事は次のようなプロセスにおいて起こる。この世界の終局の前兆→キリストの再臨→死者の復活と最後の審判→この世界の消滅と新しい世界（神の国）の出現

3　終末論の現実性

世界・宇宙に終末があるという思想は、果たして現実的なのだろうか。それとも単なる神話なのか。世界の終末だけに関心が集まると、終末論の現実性を見落としてしまう。ここで注意しなければならないのは、創造論との関連において終末論を理解しなければならないということである。

創造主である神は地球のみならず、大宇宙のすべてを造り、また宇宙と自然の法則を定めた（創世一・一〜三一、イザヤ四〇・二六〜二八、四四・二四、アモス四・一三）。しかし、自然科学の発展により、大半の人々は、聖書の記述が字義通りに真理であるということを信じていない。神が六日間で自分の手によって宇宙とすべての生物を造ったという記述それ自体は、自然科学の真理

と矛盾するのである。

たとえば地球物理学の通説によれば、宇宙はまず超ミクロの宇宙から始まり、それが急激に大膨張してビッグバンと呼ばれる超高温、超高密度の火の玉状態となった。今からおよそ百三十七億年前（百三十八億年前という説もある）のことである。それから次第に温度が下がり、原子という物質ができあがるが、その間、三十八万年という長い時間が経過したと考えられている。また地球ができたのは、今から約四十六億年前のことであるとされているが、地球誕生から生命の誕生までには約六億年の時間が経過していると考えられている。したがって、宇宙の発生や発展は創世記の記述のような単純なものではない。

このように考えると、聖書の天地創造の物語は歴史的事実ではないということになる。しかし、そうであるからといって、この物語の価値が否定されるということではない。そこには歴然とした信仰的な価値が認められるのである。

まず創世記を書いた著者は当然、現代人のように自然科学の知識を持っていなかったから、天地創造の物語を自然科学の視点から記述したわけではない。そもそも創世記を事実の記述として読むという考え方が間違っているのである。神は文字通り自分の手で宇宙を創造したのではない。創世記には「神の言葉による創造」という重要なモティーフが強調されている。

初めに、神は天地を創造された。地は混沌であって、闇が深淵の面《おもて》にあり、神の霊が水の面を動いていた。神は言われた。「光あれ」。こうして、光があった。（創世一・一〜三）

ここからわかるように、神は言葉によって光を造った。同様にほかの物質も生物も人間もすべて神の言葉によって創造されている。これは神の摂理によって万物が造られたということを意味している。つまり、全宇宙の万物の中で偶然に生じたものは何もないということである。神は宇宙や生物や人間が生じることを切望したのである。

そして、神は直接、自分の手で宇宙を造ったのではない。たとえでいえば、神は宇宙のデザイナーまたは設計者である。神は自分が書いたグランドデザインに基づいて、宇宙の秩序（法則）を定めた。その秩序に従って、宇宙は自ずと発生した。宇宙論におけるビッグバンの理論は、この秩序（法則）に関する説明である。

したがって、創世記と自然科学は、それぞれ別の次元の事柄を扱っているのであるから、両者は矛盾しないのである。自然科学は宇宙の法則の背後にある根源を対象としていない。つまり、なぜそのような法則が成立したのかという問題は自然科学の領域に属さない。その問題は宗教固有の領域に属する。そして以上のような視点から創世記を読むならば、私たちは宇宙の法則の背後にある根源が神であるということに気づくのである。

そして自然科学の宇宙論では宇宙の始まりだけではなく、終わりについても研究が進められている。ビッグバンの出来事以来、大宇宙全体は膨張し、次第に温度が下がってきた。そして今も宇宙の膨張が続いていることが確認されている。しかしはるか遠い未来において宇宙は収縮していくと考えられている。そしてついに宇宙の始まりの状態に戻ることになるという。

ところで聖書では世界の終わりについてどのように書かれているのだろうか。まずすでに紹介したように、第二ペトロ書三章一〇～一三節によれば、「地」のみならず「天」も焼け崩れ、自然の諸要素は燃え尽き、溶け去る。そして新しい天と新しい地が登場する。またヨハネの黙示録によると、新しい天と新しい地が現れ、聖なる都、新しいエルサレムが神のもとを離れ、天から降って来る（二一・一～二）。

このような預言は果たして大宇宙全体の収縮と崩壊を意味しているのだろうか。私見によれば、必ずしもそのように解釈する必要はない。むしろ地球（あるいは太陽系）の崩壊だけを意味していると考えることもできる。(95)

現代の宇宙論によると、太陽は徐々に膨張を続けていて、遅くとも約一〇億年後には今より大幅に明るくなる。そうなると、地球の平均気温は六七度以上になり、焦熱地獄になってしまう。

もっと早い時期の地球崩壊も予測されている。現在、地球の周りには巨大な磁場があり、これが太陽風を防御する盾の役割を果たしている。太陽風とは、太陽から放射されている超高速のプラズマ流（原子内の原子核と電子がバラバラになった状態）である。これは高エネルギーの電気を帯びた粒子である。

ところが肝心の地球の磁場は過去百年間で約六パーセント弱くなっていて、このままでは約千年後には磁場が消えてしまう。そうなると、太陽風が直接地球に降り注ぎ、地球はやはり焦熱地獄と化してしまう。

以上の考察からわかるように、聖書の預言は決して荒唐無稽な話ではない。聖書はむしろこの世界には必ず終わりがあるということを警告しているのである。しかも単なる世界の破滅だけではなく、その後の新しい世界（新しい天と新しい地）の成立をも予見している。

そのとき、わたし（ヨハネ）は玉座から語りかける大きな声を聞いた。「見よ、神の幕屋が人の間にあって、神が人と共に住み、人は神の民となる。神は自ら人と共にいて、その神となり、彼らの目の涙をことごとくぬぐい取ってくださる。もはや死はなく、もはや悲しみも嘆きも労苦もない。最初のものは過ぎ去ったからである」。（黙示録二一・三〜四）

ここからわかるように、キリスト教は単なる死後の平安だけではなく、完全に刷新された世界における永遠の平安をも約束している。この点においてキリスト者は確かな希望を持つことができるのである。

第二節　聖書に基づく死生観

1　生と死に関する神学的省察

個人の終末

聖書が書かれた時代に比べると、現代社会は世俗化し、現世中心の人生観が強くなっている。多くの人々は、あたかも死が存在しないかのように生きている。この世が絶対的な存在であるから、「現世の偶像化」が一般化し、人々は死についての不安を深く抑圧している。しかし、重い病気にかかって死に近い経験をするとき、人は改めて生の深さを認識する。[96]死の現実のアスペクトから生を見直し、日々の人生が美しく輝いてくるのである。

しかし、それだけではまだ死の一面のみを見ているに過ぎない。死にはもう一つの側面がある。それは聖書の福音に基づくものであり、死が復活に至る関門であるということである。

広義の終末には二つの意味がある。一つは聖書に記述されている世界の終末である。これは狭義の終末である。もう一つは、個人の終末、すなわち肉体の死を指す。個人の終末は誰も免れることはできない。それゆえ、人々は死についての不安を深く抑圧している。しかし聖書を学んで、死の現実に直面するときに、私たちは死の背後にある光の世界・永遠の神の国の存在にはじめて気づくのである。(97)

神は、定められた時にキリストを現してくださいます。神は、祝福に満ちた唯一の主権者、王の王、主の主、唯一の不死の存在、近寄り難い光の中に住まわれる方、だれ一人見たことがなく、見ることのできない方です。この神に誉れと永遠の支配がありますように、アーメン。（第一テモテ六・一五～一六）

すべての生き物の命は有限であるが、聖書の神は唯一の不死の存在であり、万物の命の源である。そしてキリストに従う者の命は、死で終わるのではなくそれを突破して、新しい命の世界に入っていく。したがって、死は光の世界・永遠の神の国に通じる関門なのである。

「ウェストミンスター信仰告白」

「ウェストミンスター信仰告白」における死後の世界を要約すると、次のようなものである。人間は死ぬと、その体は塵に返るが、その魂（animae, souls）は不死で、神のもとに帰る。

完全に聖化された義人の魂は、最も高い天国に受け入れられ、そこでは光と栄光の内にいる神の顔を見て、体の完全な贖《あがな》いを待っている。他方、邪悪な魂は地獄に投げ込まれ、そこでは苦しみと完全な暗闇の内に留まり、最後の審判の日まで確保される。ただし、体から切り離された魂のための場所（天国と地獄）という表象は、聖書に書かれていない。

最後の日にすべての死者は全く同じ体で復活するが、不正な者の体は不名誉の内に復活し、正しい者の体は栄誉の内に復活する。(98)

おそらく伝統的で一般的なプロテスタントの死生観はこのようなものであろう。そして結論からいうならば、この死生観は概ね妥当なものであるが、いくつかの問題点が残る。そこで以上、紹介した「ウェストミンスター信仰告白」の死生観を前提にしながら、考察を展開する。

2　天と地

天と地の関係

死生観を考える場合、重要なことは地（この世）を軽視してはならないということである。なぜならば、聖書において天と地は表裏一体の関係にあるからである。地上で忠実にキリストに従った者だけが神の国に入ることができる。というのもキリストが神の国を支配しているからである。

「ウェストミンスター信仰告白」によれば、完全に聖化された義人の魂は、最も高い天国に受け入れられる。この信仰告白自体は決して間違ってはいない。しかし、もしもこの信仰告白をさらに発展させて、天と地を全く対照的にとらえるならば、そのような理解は、聖書の使信からはずれたものになる。

日本のプロテスタントにおいて、この世は見える世界・現象の世界であり、生々流転を繰り返すが、天国（神の国）は見えない世界・本体の世界であり、万古不易であるという世界観が認められる。しかしこのような世界観は、ギリシア哲学、とくにプラトン哲学のそれであり、本来の聖書の思想には見いだされない。

霊の世界

すでに述べたように、聖書の神は宇宙万物を創造した。しかもこの世は神が不断に活動している舞台である。神は自然と人の両方に働きかける。神は山々を造り、風を創造し、その計画を人に告げ、暗闇を曙に変える。そして地の聖なる高台を踏み越える（アモス四・一三）。また旧約の時代には、神はイスラエルを通して中東の歴史に介入した。

そして新約の時代には、神はキリストと聖霊を通してまずイスラエルに働きかけ、その後聖霊と使徒たちを通して神の福音を地中海世界に伝えていった。

また聖書で語られる「霊」は決して自然に対立した言語ではない。これはヘブライ語の「ルーアッハ」、ギリシア語の「プネウマ」πνεῦμα の訳語である。ルーアッハは基本的に神から発出する超越的な力である（創世一・二、民数一一・一七、二五〜二六、二七・一八、イザヤ四二・一）。しかし「ルーアッハ」は「息吹」や「風」をも意味している。神は風を創造し、それを統制し、経綸《けいりん》のために用いる（詩七八・二六、一三五・七、エレミヤ一〇・一三、五一・一六）。古代イスラエル人は風の現象に神秘的な力を感じ、その力が神から出ていることを信じた。

また「プネウマ」にも霊のほかに風、息という意味がある。新約では神の霊は聖霊とも呼ばれるが、神の本質は霊として理解されている（ヨハネ四・二四）。聖霊は風のように自由に吹く（同三・八）。そして復活したキリストは聖霊と一体となって、聖霊の息吹を弟子たちに吹きかける（同二〇・二二）。聖霊はあらゆる命の源であり、復活後の命の本質である（ローマ八・一一）。したがって、霊は物質（肉体・自然）に対立・矛盾するものではなく、むしろ物質を包み、これらを通して人間に働きかける。

復活したキリストの体は霊の体であるが、これは物質に対立するものではない。むしろ新しい種類の物質（現代物理学では未発見の物質）として解釈することができる。それゆえ、復活後の人間の体もそのようなものであろう。(99)

しかもキリストはこの世で霊の体として復活することによって、新しい世界を創造した。新しい世界とは、この世に対立する世界ではなく、むしろこの世の現象に内在し、同時に神の国に通じる入り口である。

天と地の結びつき

このように天と地は非常に異なるものでありながら、同時に互いに決して遠く離れているわけではない。(100) それに関連して、キリストは次のように宣言している。

「はっきり言っておく。天が開け、神の天使たちが人の子の上に昇り降りするのを、あなたがたは見ることになる」。（ヨハネ一・五一）

元来神の国に住んでいたキリストは人間の救いのために受肉し、この世に住んだ。受肉とは人間の肉体と精神を持ったということである。この受肉によって天と地が結びつき、天使たちは両方の世界を自由に往来するようになった。したがって、私たちはキリストを通してこの世にいながら、神の国を経験することができるのである。

また天（神の国）は霊の世界であるが、それは単なる観念の世界ではなく、実在的現実の世界なのである。ちなみにヘブライ書一一章一三～一六節では次のように書かれている。

この人たちは皆、信仰を抱いて死にました。約束されたものを手に入れませんでしたが、はるかにそれを見て喜びの声をあげ、自分たちが地上ではよそ者であり、仮住まいの者であることを公に言い表したのです。このように言う人たちは、自分が故郷を探し求めていることを明らかに表しているのです。

もし出て来た土地のことを思っていたのなら、戻るのに良い機会もあったかもしれません。ところが実際は、彼らは更にまさった故郷、すなわち天の故郷を熱望していたのです。だから、神は彼らの神と呼ばれることを恥となさいません。神は、彼らのために都を準備されていたからです。

この人たちとはアブラハム、イサク、ヤコブというイスラエルの族長たちを指す。神はアブラハムに対してカナン（パレスチナ）のすべての土地を与えるということを約束した（創世一七・八）。しかし、実際にイスラエルの民がカナンに定住するのはヤコブよりも後の世代である。

結局、彼らは神から約束されたものを受け取れなかった。彼らは生涯、寄留者であり、旅の人生を余儀なくされた（創世二三・四、四七・九）。それにもかかわらず、彼らははるかにカナンを見て喜んだ。

キリスト者にとっても彼らの信仰は模範である。新約において神による約束の地は、「天の故郷」、「生ける神の都」「天のエルサレム」（ヘブライ一一・二二）、「新しいエルサレム」（黙示録三・一二、二一・二）である。すなわち、神の国である。したがって私たちはこの世では旅人であり、寄留者である。この世に安住の地はない。信仰生活は旅路であり、私たちは無常迅速のこの世を通過して永遠の神の国に到達しなければならない。

それゆえ、私たちは日常生活において神の国の身近さをつねに確認する必要がある。第四章で論述したように、私たちは聖餐を受け取ることによってすでに永遠の世界につながっているのである。

3　中間状態

新約の使信によれば、死者の復活は終末にはじめて起こる（第一コリント一五・五一～五三）。その時には善人は復活して命を受け、悪人は復活して裁きを受ける（ヨハネ五・二八～二九、第二コリント五・一〇）。

終末における死者の復活と神の審判はまだ将来のことであるから、個人は死後、終末まで「中間状態」（the intermediate state）に留まることになる。中間状態において死者はどのような状況におかれるのだろうか。

結論からいうならば、それは明確ではない。というのも新約聖書には中間状態に相当すると解せられる記述が少ないからである。そもそも死後、復活してこの世に現れたのはイエス・キリストのみである。聖書においてそれ以外の人物の歴史的復活は全く書かれていない。したがって、聖書の証言のみを資料にする限り、中間状態の具体的状況を解明することは困難である。

ところで聖書では中間状態についてどのように説明しているのだろうか。まずパウロの手紙によれば、死者は眠りについている（第一コリント一五・六、エフェソ五・一四、第一テサロニケ四・一三）。しかし「眠りにつく」という表現は比喩的なものであり、無意識の状態を意味するのではない。「眠りにつく」というのは、死後、肉体は滅んでも、命の本体そのものは存続するということであろう。

この問題に関して、ロバート・ドイルの見解によれば、キリスト者は、死後、世界に対しては眠っているが、魂は眠らず、キリストとの交わりを意識している(101)（ルカ二〇・三八、二三・四三、ヨハネ一〇・二八、一一・二六、一四・一九～二〇、フィリピ一・二三）。

「世界に対しては眠っている」というのは、死者はこの世の事柄について介入できないということだろう。また「魂」とは、命の本体そのものを意味するのだろう。

そもそも仮に死後の世界が無意識の状態であるとすれば、キリストとの交わりは不可能であり、それは救いの状態とはいえない。聖書にはそのようなことは書かれていない。パウロは「この世を去って、キリストと共にいたいと熱望しており、この方がはるかに望ましい」（フィリピ一・二三）と語っているが、これは明らかに死後におけるキリストとの交わりを指している。

またイエスは共に十字架に付けられた犯罪人に対して、「はっきり言っておくが、あなたは今日わたしと一緒に楽園にいる」（ルカ二三・四三）と約束した。「楽園」は「パラデイソス」παράδεισος の訳語であるが、これは中間状態の世界であり、終末に先行して選ばれた死者が住んでいる安息の場所を意味していると解釈できる。

またルカのたとえ話「金持ちとラザロ」（一六・一九～三一）では貧しいラザロは死んでから天使たちに導かれて、「アブラハムのすぐそば」に連れて行かれた。これに対して、ラザロを無視し、自分の快楽だけを追求してきた金持ちは死んだ後、「ハデース」ᾅδης に落とされた。そこは焦熱地獄のような世界であった。この世界は「陰府《よみ》」と訳されている。

旧約偽典（旧約聖書の中で正典と外典からはずれた書物。外典はカトリックで採用されている）エチオピア語エノク書二二章によれば、最後の審判の日まで死者の魂が住む世界がある。そこでは義人の住む場所と罪人が住む場所は区切られている。[102] この書物の原文は紀元前に成立していると考えられている。イエスの時代には、おそらくこの書物に書かれているような死生観が、ユダヤ教の教師の間にある程度流布していたのだろう。「金持ちとラザロ」の物語は、このような死生観に基づいている。

さらにイエスは弟子たちに対して「父の家」を用意することを約束した（ヨハネ一四・二）。「父の家」とは天国あるいは天国への旅の途中にある住居・宿屋という意味である。

以上、紹介した死後の世界は、中間状態の世界を指しているのだろう。聖書によると、天国は単一ではなく、そこには多くの階層がある。パウロは生前、第三の天にまで引き上げられた（第二コリント一二・二）。イエスは死んだ後で、「もろもろの天を通過した」（ヘブライ四・一四）。

このように考えると、終末におけるキリストの再臨と最後の審判の前にすでにある種の天国のような世界が用意されていて、キリストに結ばれて死んだ者はこの世界に入るのだろう。これはあくまで「新しい天と新しい地」が形成される前の暫定的な世界である。

第三節　終末論に関するいくつかの論点

1　終末に関する歴史的段階

新約聖書の終末論を再度、全体的にまとめると、まず激しい艱難期が訪れ、その後でキリストの再臨があり、死者は復活し、最終的な救いと審判が実現する（マタイ二四章、第一コリント一五・二三〜二五、五一〜五三、第一テサロニケ四・一五〜一七、黙示録一五・一）。キリストの再臨の前には必ず世界的な戦乱や天変地異が起こる。たとえば大規模な戦争が勃発し、飢饉や地震が起こる。また天体にも大きな変化が生じる（マタイ二四・六〜二九）。

ただしヨハネの黙示録によれば、終末の期間は相当長く、まず「千年王国」が樹立されて、キリストによって選ばれて復活した聖徒たちが、キリストと共に千年間世界を支配する。その後に最後の審判が行われ、さらに新しい天と新しい地ができる。そして新しいエルサレムが天から降って来る（二〇〜二一章）。

歴史的な次元における終末にはこのような現象が起こるのだろう。ただし、キリスト再臨後に実際に千年王国が起こるのかどうかに関しては議論の余地がある。

キリストの再臨

キリストの再臨とは、過去に一度、この世に到来し、地上の生涯を終えて、復活・昇天したキリストが再びこの世に到来するという意味である。ちなみに新共同訳聖書には「再臨」という術語は使用されていない。「再臨」に相当する原語は「パルーシア」παρουσία であるが、これは栄光のメシアの到来、来臨、出現を意味する。つまり、「パルーシア」そのものには再臨という意味はないが、キリストが再びこの世に到来し、来臨するという意味で用いられている。

そして、実質的に再臨を意味する記述は新約聖書の中で多数、認められる。

そのとき、人の子（キリスト）の徴が天に現れる。そして、そのとき、地上のすべての民族は悲しみ、人の子が大いなる力と栄光を帯びて天の雲に乗って来るのを見る。（マタイ二四・三〇）

神に背いたこの罪深い時代に、わたしとわたしの言葉を恥じる者は、人の子もまた、父の栄光に輝いて聖なる天使たちと共に来るときに、その者を恥じる」。（マルコ八・三八）

ただ、一人一人にそれぞれ順序があります。最初にキリスト、次いで、キリストが来られるときに、キリストに属している人たち、次いで、世の終わりが来ます。（第一コリント一五・二三）

すなわち、合図の号令がかかり、大天使の声が聞こえて、神のラッパが鳴り響くと、主御自身が天から降って来られます。（第一テサロニケ四・一六）

さて、子たちよ、御子《みこ》の内にいつもとどまりなさい。そうすれば、御子の現れるとき、確信を持つことができ、御子が来られるとき、御前で恥じ入るようなことがありません。（第一ヨハネ二・二八）

見よ、わたしはすぐに来る。この書物の預言の言葉を守る者は幸いである。（黙示録二二・七）

キリストの再臨の神学的意義については、後で考察する。

千年王国

ヨハネの黙示録二〇章一～六節には千年王国の典拠になっている記述がある。

（一人の天使が竜の姿をしたサタンを千年の間拘束し）底なしの淵に投げ入れ、鍵をかけ、その上に封印を施して、千年が終わるまで、もうそれ以上、諸国の民を惑わさないようにした。その後で、竜はしばらくの間、解放されるはずである（一～三節）。

彼ら（キリストに忠実であった殉教者）は生き返って、キリストと共に千年の間統治した。その他の死者は、千年たつまで生き返らなかった。これが第一の復活である。第一の復活にあずかる者は、幸いな者、聖なる者である。この者たちに対して、第二の死は何の力もない。彼らは神とキリストの祭司となって、千年の間キリストと共に統治する（四～六節）。

果たしてキリストの再臨に際して文字通り「千年王国《ミレニアム》（the millennium）」という世界が実現するのだろうか。この論点に関して主に三つの解釈がある。(103)

（1）千年期前再臨説（Premillennialism）

これはキリストが歴史の中で千年の支配の前に現実に再臨するという解釈である。この解釈に関してもいくつかの説があるようであるが、その中で一般的なものは、キリストの再臨（一九章）→千年王国・第一の復活（二〇章）→最後の審判（二〇章）→新しい天と新しい地の実現（二一～二二章）というヨハネが見た幻は、時間的な順序に従っているという説である。初代教会の時代には、この解釈が一般的なものであったようである。

（2）無千年王国説（Amillennialism）

これはアウグスティヌス（三五四～四三〇）の『神の国』第二〇巻第九章の記述に基づいている。その中で彼は「教会は今でもキリストの王国であり、また天の王国である。それで今でもキリストと共にその聖徒たちが支配している」と論述している。[104] すなわち、この解釈によれば、千年王国は将来の再臨に伴う現実的出来事ではなく、キリストの最初の到来以来、すでに始まっているこの世における神の国である。言い換えれば、教会による地上の支配を意味する。このような解釈は、カトリック教会において今でも有力である。

さらに彼は「千年」という期間を二通りに解釈している。[105] つまり、第一はヨハネ（黙示録の著者）から見てまだ終末まで残っている千年という期間である。第二はこの世の年数全体を意味するという解釈である。

世界の歴史・第一の復活（千年王国）→キリストの再臨→最後の審判→新しい天と新しい地の実現

（3）千年期後再臨説（Postmillennialism）

これはイスラエルの回心に伴う世界の集団的大回心（リバイバル）が起こり、それによって教会の黄金時代である千年王国が到来し、その後にキリストの再臨があるという解釈である。これは一七世紀以降、ピューリタンや改革派の神学者の間で有力であった。現在でもアメリカのプロテスタントの中にはこの解釈を支持する神学者がいる。

世界の歴史→千年王国・第一の復活→キリストの再臨→最後の審判→新しい天と新しい地の実現

果たしてどの解釈が妥当であろうか。まず（2）について検討すると、この世がすでに神の国であるという解釈には同意できない。近代になってヨーロッパでもキリスト教は衰退している。また全世界には日本をはじめ多くの「異教の国」がある。しかも教会そのものも多くの罪を重ねてきた。そのように考えると、「教会は今でもキリストの王国である」という前提そのものが誤っているから、この世界を千年王国と見なすことは不可能なのである。

次に（3）について検討すると、まずヨハネの黙示録の記述の順番（キリストの再臨→千年王国）を完全に無視している。そして千年王国という概念はヨハネの黙示録以外に聖書の記述はない。したがってこの解釈は聖書の根拠を欠いているといえる。しかも「世界の集団的大回心」という予想の蓋然性は低い。

以上のように考察すると、聖書のテキストに忠実である（1）を選択せざるを得ない。ただし、今日の私たちはヨハネの「千年王国」という世界が文字通り実現するというように解釈する必要はなかろう。新約学者エドワルト・ローゼの解釈によれば、ヨハネの時代のユダヤ教の黙示文学（終末論的色彩の濃い一群の文書）では、終末における神の支配が実現する前に過渡期的なメシア王国が起こるという思想が広まっていた。たとえば旧約偽典第四エズラ書七章二八〜二九節では、メシアは四〇〇年間世界を支配するが、その後メシアもすべての人間も死ぬだろうと述べられている。その後で、死人が復活し、最後の審判が行われる。[106]

このようにユダヤ教の黙示文学では最終的な新しい世界の到来の前に暫定的に期限の決められたメシアの王国が実現する。ヨハネはおそらくこのような終末論に影響されて「千年王国」という世界を叙述した。そしてこのような世界は新約聖書の他の箇所には書かれていない。

第七章で改めて論述するが、ヨハネはキリストから与えられた幻視をそのまま文章として著したのではない。彼は自分が経験したことを既存の旧約思想やユダヤ教の黙示文学的表象によって物語として再構成した。それゆえ、「千年王国」の表象をそのまま受け入れる必要はないのである。

2　キリストの再臨の神学的意義

日常における再臨

以上のような終末論について、読者はどのような感想を持たれるだろうか。大抵の人々にとってはおそらく日常生活の方が重要なのではないだろうか。彼らにとってキリストの再臨や最後の審判は、はるか遠い未来の事柄に過ぎないだろう。

しかしすでに述べたように、地球の終わりは必ずやって来る。また個人の人生にも必ず終わりがある。それゆえ、キリストの再臨という出来事も個人の次元で考えれば、きわめて現実的なことになる。

パウロは「主はすぐ近くにおられる」（フィリピ四・五）と断言している。またキリスト自身、「私はすぐに来る」（黙示録三・一一、二二・二〇）と約束している。実際の所、キリストは毎日私たちのもとに来ているのである。私たちはそのことに気づいていないだけである。それに関連して、キリストは弟子たちに次のような約束を与えた。

わたしは父にお願いしよう。父は別の弁護者を遣わして、永遠にあなたがたと一緒にいるようにしてくださる。この方は、真理の霊（聖霊）である。世は、この霊を見ようとも知ろうともしないので、受け入れることができない。しかし、あなたがたはこの霊を知っている。この霊があなたがたと共におり、これからも、あなたがたの内にいるからである。わたしは、あなたがたをみなしごにはしておかない。あなたがたのところに戻って来る。しばらくすると、世はもうわたしを見なくなるが、あなたがたはわたしを見る。わたしが生きているので、あなたがたも生きることになる。かの日には、わたしが父の内におり、あなたがたがわたしの内におり、わたしもあなたがたの内にいることが、あなたがたに分かる。

（ヨハネ一四・一六〜二〇）

「かの日」とは終末の日ではなく、キリストが復活した日である。キリストは復活後、その姿を弟子たちに現した。そして復活したキリストがこの世を去った後、聖霊が到来した。聖霊の到来は、キリスト自身の到来をも意味している。厳密にいうと、聖霊が毎日、私たちに直接働きかけている。しかし、同時に聖霊は私たちにキリストの愛と意志をそのまま伝えている。

それゆえ、実質的にはキリスト自身が毎日、私たちのもとに到来しているというように理解することができるのである。

それではキリストが私たちの内にいて、私たちがキリストの内にいるというのはどういう意味なのか。すでに述べたように、聖霊は風、つまり空気の動きにたとえられる。私たちは毎日空気に包まれて生きている。しかし同時に呼吸を通して空気は私たちの内にある。キリスト・聖霊と私たちの関係も同様なのである。

再臨と最後の審判

キリストの再臨は最後の審判を伴っている。つまり、再臨のキリストは救済者であると同時に審判者でもある（マタイ二四・三〇～三一、二五・三一～四六、黙示録一九・一一）。キリストは、父なる神から裁きの権能を与えられている（ヨハネ五・二二、二七）。そして裁きの日にはすべての死者が、キリストの声を聞いて、復活し、生前の善と悪の行いに応じて裁かれる（同五・二八～二九）。

しかしながら、キリストの福音とは、各人が行いではなく、信仰によって義と認められるということである（ローマ三・二二）。キリスト者はキリストの贖罪によって根本的な罪（神からの離反）から解放されているはずである（同三・二三～二六）。それなのに、なぜキリスト者も最後の審判を受けねばならないのか。

現実の生活を振り返ってみると、私たちは相変わらず日々罪を重ねているのである。キリストの恵みによって罪を赦されたからといって、そのような生活が神によって是認されているわけではない。

そこでキリストによって罪を贖われた者も、人生において神に責任を負わねばならない。つまり、その人が本当に栄光と不滅のものを求めていることを神に実証するためによい行いが必要になる。(107) ちなみにパウロは次のように警告している。


おのおのの仕事は明るみに出されます。かの日にそれは明らかにされるのです。なぜなら、かの日が火と共に現れ、その火はおのおのの仕事がどんなものであるかを吟味するからです。だれかがその土台の上に建てた仕事が残れば、その人は報いを受けますが、燃え尽きてしまえば、損害を受けます。ただ、その人は、火の中をくぐり抜けて来た者のように、救われます。（第一コリント三・一三～一五）

キリストの贖いの恵みを信じた者は、キリストに従って生涯を送ろうという決断を経験しているはずである（マタイ一六・二四）。信仰にはそのような決断が本質的に含まれている。

またキリストの再臨がいつ起こるのかは誰にもわからない。それは明日であるという可能性も否定できない。そこでドイルが説明しているように、再臨は私たちの自己中心性の表明に対する「解毒剤（antidote）」になる。(108)

「自己中心性」とは、自己を中心にして世界が廻っているという世界観である。これこそが根本的な罪である。神が世界の中心であるはずである。しかしキリストの贖罪を信じる者も、日常生活においてこの事実を忘れがちである。したがって、毎日キリストの再臨を思い起こすことによって、自己中心性という精神的な毒が浄化されるのである。

（口絵7）イコン「最後の審判」（福音書記者聖ヨハネ正教会）では再臨のキリストが右手を挙げ、左手を下げている。キリストの右側の人々は救われ、左側の人々は滅びる。

第七章　ヨハネの黙示録の世界（前半）

新約聖書には終末論の内容を含んだ書物は多い。しかしヨハネの黙示録以外の書物は、いずれも個々の断片的箇所において終末論を扱っているに過ぎない。

これに対して、ヨハネの黙示録では書物全体において終末論的な主題が強調されている。したがって、この書物を読解することによってはじめて、キリスト教の終末論を正しく理解することができるのである。本章ではこの書物全体の概説および前半部分の釈義と神学的解釈が展開される。

第一節　ヨハネの黙示録の概説

1　特色

聖書の最後の書物

旧約聖書と新約聖書は本来、独立した文書の集合体であるが、各文書の配列は、一貫した歴史的流れに従っている。すなわち、次のような歴史観が認められる[109]。

（1）万物の創造（創世記）　神は世界・宇宙に存在するすべてのものを創造した。

（2）契約（出エジプト記―マラキ書）　神の創造の秩序が人間の反抗によって破壊されたとき、神は来るべき神の救済の代理人・証人・使者となるべきイスラエル民族を形成した。神はそのためにイスラエルと契約を結んだ。

（3）イエス・キリスト（マタイ福音書―ヨハネ福音書）　全人類の救済を成就するために神自身が神の子キリストという人間になった。

（4）教会（使徒言行録―ユダ書）　神はキリストの名において民族を超えた信仰共同体である教会を形成した。教会は神の救済の証人であり、代理人である。

（5）創造と救済の完成（ヨハネの黙示録）　神は不条理に満ちたこの世界を消滅させ、新しい天と新しい地（二一・一）を実現する。ただしこれが実現するためにはこれから多くの艱難が訪れる。

以上からわかるように、教会は世界の始まりとして聖書の最初に創世記を配列し、世界の終わりとして聖書の最後にヨハネの黙示録を配列したのである。

黙示文学

ヨハネの黙示録は「黙示文学」という文学的ジャンルに属する。これは紀元前二世紀頃から紀元一世紀にかけて、ユダヤ教およびキリスト教の中で流布した宗教文学であり、世界の終末と天国の情景について叙述した一群の書物である。その背景には、世界の終末に起こる出来事が隠されているという思想がある。

思想の内容としては、第一に旧約の預言者の伝統を受け継いでいる。これは神自身による未来の秘密の開示、なかんずく終末論である。第二にイラン（ペルシア）の二元論的歴史観であり、そこでは歴史は今の時代と新しい時代という全く非連続的なものに分けられる。すなわち、今の時代はまだ悪の勢力が有力であるが、新しい時代になって悪の勢力は完全に一掃され、純粋に正しい世界が出現する。(110)

「黙示」の原語（ギリシア語）は、「アポカリュプシス」ἀποκάλυψις であるが、これは現わすこと、覆いを取って真相（秘儀であった内容）を示すこと、啓示という意味である。すなわち、「黙示」も「啓示」も原語は「アポカリュプシス」である。

それではなぜこのような訳語の使い分けがあるのだろうか。日本語の「啓示」は、神が人に自分自身や真理を現すという意味を示し、それに対して、「黙示」はより狭い意味で、つまり、神からヨハネに与えられた特殊な形式（幻《まぼろし》・超常現象など）の啓示という意味を持っているからである。

正典の聖書においては独立の文書としては旧約ではダニエル書、新約ではヨハネの黙示録のみが黙示文学に該当する。ただし、部分的に黙示文学の要素を含むものとしてイザヤ書二四～二七章、エゼキエル書三八～三九章、ゼカリヤ書九～一四章、マルコ福音書一三章、第二テサロニケ書二章などをあげることができよう。

ちなみにダニエル書、イザヤ書、エゼキエル書、ゼカリヤ書の内容や表現形式が、ヨハネの黙示録に大きな影響を及ぼしている。

なおプロテスタントの基準によれば、旧約聖書には外典と偽典がある。外典は正典であるヘブライ語聖書以外の旧約聖書（ユダヤ教の宗教文書）である。たとえばトビト記、ユディト記、マカバイ記、知恵の書、シラ書（集会の書）、エズラ記（ギリシア語）、エズラ記（ラテン語）などがあるが、これらはカトリックでは旧約聖書続編として受け入れられている。その中でエズラ記（ラテン語）には黙示文学的な要素がある。これは第四エズラ書とも呼ばれる。

　これに対して、偽典は旧約正典と旧約外典に含まれないユダヤ教の宗教文書で、各書物の著者の名前は偽名である。たとえばエチオピア語エノク書、スラブ語エノク書、モーセの昇天、シリア語バルク黙示録などである。これらは黙示文学のジャンルに分類されている。これらの書物がヨハネの黙示録に影響を及ぼしたと考えられる。

　そしてヨハネの黙示録のモティーフは、ほとんど終末論に集中している。つまり、終末における審判と救済が主な主題であり、そしてこれらの視点から執筆当時における世界の状況の信仰的意味が解釈されている。

　このようなモティーフは、「黙示的預言」という形式で表現されている[三]。預言とは聖霊によって示された神の啓示である。つまり、黙示文学の形式を通して神の言葉を伝えることである。著者ヨハネは、神の指示によって天国の神の部屋に引き上げられる（四・一〜二）。そして鳥瞰《ちょうかん》的展望により、つまり、鷲が地上を見下ろすように、天国からこの世界全体を見下ろして、そこに起こる様々な幻・視覚的現象を開示する。さらに信徒がこの幻の意味を正しく理解し、それによって神の意志に忠実に従うことを教えようとしている。

　言い換えれば、世界の最終的結末、すなわち、神の究極の目的という局面から現在の現象をとらえ直すことが可能になる。このような思考形式は新約聖書の他の文書にはほとんどない。

そして今日の読者もまた日常の生活を天上の視点、終末論的な視点から観察することが求められる。

2　他の黙示文学との相違点

以上のように、ヨハネの黙示録はユダヤ教の黙示文学の伝統を継承しているが、これらとは異なる特色がある。

第一に文書全体において「幻」の情景、つまり、視覚的象徴的な表現が高い比率を占めているということである。この比率はユダヤ教の黙示文学よりも高い。

ちなみにユダヤ教の黙示文学では、一つの文書の中で複数の象徴的幻が表現されているが、それらは各々、特定の箇所に限定されて用いられ、その箇所の中で自己完結的に終わっている。そしてほかの箇所では同じような象徴的な幻は繰り返されない。つまり、Aというタイプの象徴的幻は特定の箇所にのみ用いられ、ほかの箇所ではB、C、Dなど別のタイプの象徴的幻が用いられる。

これに対して、ヨハネの黙示録では文書全体がまるごと一つの統一された幻なのである。すなわち、幻のイメージ（表象）は全体に共通している。もちろん新しいイメージも次々に登場するが、同じイメージが全体を通して繰り返されることがある。同じイメージを使うことによって、文書全体が一つの映像世界を形成している。このような手法を用いることによって、読者は平凡な日常世界を離れて、超自然的なファンタジーの中に引き込まれていく。

第二にそれは書簡（手紙）の形式をとっているということである。この書物全体がエフェソ、スミルナ、ペルガモン、ティアティラ、サルディス、フィラデルフィア、ラオディキアという実在した特定の教会に宛てられた一通の回覧書簡である（一・一一）。

二～三章は、これら七つの教会に宛てた七通の書簡ではない。ヨハネの黙示録全体がまるごと、七つの教会に宛てた一通の回覧書簡なのである。したがって、各教会に個別に指示された七つのメッセージは、いずれも七つの教会に共通する問題に関するものであり、それらは七つの教会すべてに対して告知されているのである。

ここからわかるように、ヨハネの黙示録は、単なる幻想文学ではなく、執筆当時の教会の現状を背景にした歴史的文書でもある。

3　著者と成立年代

ヨハネの黙示録の著者は、自分を「ヨハネ」と呼んでいる（一・一）。またキリスト教徒の「兄弟」（一・九）であり、以前から小アジアの七つの教会（エフェソ、スミルナ、ペルガモン、ティアティラ、サルディス、フィラデルフィア、ラオディキア）の信徒と交流があり、彼らに対して大きな宗教的権威を持った人物であった。小アジアとは、現在のトルコの西部を指す。ただし、彼自身は当時、パトモス島に住んでいて、そこで聖霊に満たされて、多くの幻を体験し、それらをモティーフにして黙示録を著した（一・九〜一〇）。パトモス島とは、エーゲ海のドデカネス諸島に属する火山岩の小島である。エフェソの南西約一二〇キロメートルにある。面積は約三四・六平方キロメートル。ヨハネの時代にはギリシアの上級学校やアルテミスとアポロンの神殿があった。またローマ人はこの島を流刑地として使用していた。

現在の島内には、ヨハネが啓示を受けたとされる洞窟が残っており、丘の上の「神学者聖ヨハネ修道院」やそれを囲む旧市街ホーラと共に、ユネスコの世界遺産に登録されている。ヨハネは「神の言葉とイエスの証しのゆえに、パトモスと呼ばれる島にいた」（一・九）。原文の文法解析を踏まえると、これは「神の言葉とイエスの証しを語ったことが原因で」という意味だろう。そのことが原因で彼は自分の教会から引き離され、パトモス島に流されたのだろう。

著者のヨハネはどのような人物だったのだろうか。三つの可能性が考えられる。第一は、ゼベタイの子ヨハネ、つまり、十二使徒の一人であるヨハネ（マタイ一〇・二）。第二は、使徒以外の長老ヨハネ。第三は、偽名としてのヨハネ。

まず第三の可能性は極めて低い。確かに黙示文学であるエチオピア語エノク書の著者は、第一章で「エノク」という偽名を使っている。[112] ユダヤ教の黙示文学において偽名を使うことは、珍しいことではない。しかし、もしもヨハネの黙示録もそうであるならば、著者は、文書の信頼性を高めるために単にヨハネではなく、「使徒ヨハネ」と名乗ったであろう。

第一の可能性は、古代教会の伝承に基づくものである。すなわち、ヨハネ福音書、ヨハネの手紙、ヨハネの黙示録はいずれも使徒ヨハネによって書かれたという伝承である。弁証家ユスティノス（一〇〇頃～一六五）やエイレナイオス（一三〇頃～二〇二）などはこの見解を支持している。

しかし、ヨハネ福音書とヨハネの黙示録との間には大きな隔たりがある。前者では「命」「光」「真理」「愛」「平安」「助け主（聖霊）」などの重要な術語が顕著であるが、後者にはそれらが認められない。

またヨハネ福音書では、イエスを信じる者は、すでに死から命へと移っており（五・二四）、裁きを免れている（三・一八）。これに対して、ヨハネの黙示録ではそのような救済の約束は明示されていない。むしろ命の書に記されていない者は、火の池に投げ込まれる（二〇・一五）。最後の審判が強調されているのである。

したがって、ヨハネの黙示録の著者は、ヨハネ福音書の著者と同一ではない。彼は旧約聖書とユダヤ教の文書に精通しているから、ユダヤ人キリスト者であろう。そして、使徒以外の

「長老ヨハネ」と呼ばれる人物であったと考えられる。ちなみにヒエラポリスの主教パピアスは、長老ヨハネが小アジアで活動していたと述べている[113]（エウセビオス『教会史』第三巻三九・四）。そしてエイレナイオスによれば、ヨハネの黙示録が書かれたのは、ローマの皇帝・ドミティアヌスの治世（八一〜九六）の終わりの頃であった（『異端反駁』第五巻三〇・三）。結論からいうと、この記述は妥当である。

ヨハネの黙示録にはドミティアヌスの名前は登場しない。しかし、すでにローマ帝国の迫害によって殺された殉教者が、天国でキリストに裁きを訴えている（六・九〜一一）。さらにローマで皇帝崇拝が強要されていることが述べられている。たとえば一三章四節では、人々が竜と獣を拝んでいる。竜はサタンであり、獣はサタンに支えられたローマ帝国の権力を意味する。そしてこの権力の頂点にいるのがローマの皇帝である。したがって、この箇所ではローマの皇帝崇拝が暗示されているのである。

それではローマの皇帝崇拝はいつ頃から始まったのか。その概略は次の通りである[114]。

まず事実上の最初の皇帝はオクタウィアヌス（前六三〜後一四）であり、彼は元老院からAugustus「アウグストゥス」という称号を授与された。これは「神々しい者」「神聖な者」「尊厳なる者」という意味を含んでいる。しかし、彼は冷静な政治家として限度をわきまえていたので、ヘレニズム的な神格化された王として国民に忠誠を求めることをしなかった。

第三代皇帝ガイウス（一二～四一）は、自分の像をエルサレム神殿に置くことを要求した。しかし、それが実現する前に彼は暗殺された。また第五代皇帝ネロ（三七～六八）は、発生したローマの大火の犯人としてキリスト教徒を迫害し（六四）、「全地の主」という自称を使ったが、自分を神として礼拝することを強要しなかった。したがって、ヨハネの黙示録は、ネロの治世の間に書かれたものではなかろう。

歴代の皇帝の中で存命中、最初に人々に神的崇拝を要求したのは、第一一代皇帝ドミティアヌス（五一～九六）である。彼は政府のすべての公布は、「我らの主であり、神であるドミティアヌスが命令する……」で始めねばならないと宣言した。ドミティアヌスを神として敬わないことは、政治上の不忠の行為または反逆の行為とさえ見なされた。

ただし、ローマの公文書の中で、ドミティアヌスがキリスト教徒であることを理由にしてキリスト教徒を弾圧したという内容の文書は発見されていない。実際の弾圧の状況は明確ではないが、教会の指導者たちがドミティアヌスの時代にキリスト教徒が迫害されたことを伝えているので（エウセビオス『教会史』や『クレメンスの第一の手紙』など）、そのような事実があったことは否定できないだろう[115]。したがって、黙示録は九〇年代に著されたと考えられる。

黙示録において聖徒たちやイエスの証人たちが殺されたことが報告され、かつ殺されることが予告されている（六・一一、一六・六、一七・六、一八・二四）。ヨハネ自身も迫害され、パトモス島に流された。そして彼は苛烈な苦難の状況にある七つの教会の信徒たちを励まし、勧告するために黙示録を著したのだろう。

（口絵8）「パトモス島における聖ヨハネ」（『ベリー公のいとも豪華なる時祷書』より）。ヨハネが幻視を通してキリストの啓示を受けた場面。キリストを中心にした天国と新しいエルサレムが描かれている。

4　全体の構成

キリストがヨハネの前に現れ、「さあ、見たことを、今あることを、今後起ころうとしていることを書き留めよ」（一・一九）と彼に命令した。ヨハネの黙示録の概要は、このキリストの命令に基づいている。すなわち、ヨハネは復活後のキリストの姿（一・九～二〇）、七つの手紙に書かれている現在の状況（二～三章）、将来に起こる事柄（四～二二章）を書き留めるように指示された。そこで第一に小アジアの七つの教会宛に勧告と訓戒が示され（二～三章）、第二に終末時の出来事が多様な現象として次々に描写される（四～二二章）。

そして書物全体において多くの表象（イメージ的な表現）が七という数字でまとめられているので、書物の構成も七つのグループに分けられる。ちなみに「七」は聖書において完全数を意味している。そこでエドワルト・ローゼの解釈を参照にして分類すると次のようになる。

第一部　プロローグと七つのメッセージ（一・一〜三・二二）

序文（一・一〜三）　手紙の冒頭（一・四〜八）　ヨハネの召命の幻（一・九〜二〇）　七通の手紙（二・一〜三・二二）

第二部　七つの封印（四・一〜八・一）

天国の玉座の広間（四・一〜一一）　巻物の小羊への手渡し（五・一〜一四）　七つの封印の開封（六・一〜八・一）

第三部　七人の天使のラッパ（八・二〜一一・一九）

プレリュード（八・二〜六）　最初の四つのラッパ（八・七〜一三）　第五のラッパ（九・一〜一二）　第六のラッパ（九・一三〜二一）　間奏曲（一〇・一〜一一・一四）　第七のラッパ（一一・一五〜一九）

第四部　竜と獣と小羊（一二・一〜一四・二〇）

竜の攻撃（一二・一〜六）　ミカエルと竜（一二・七〜一二）　女と竜（一二・一三〜一八）　二匹の獣（一三・一〜一八）　小羊と聖徒たち（一四・一〜二〇）

第五部　七つの幻（一五・一〜一六・二一）

プレリュード（一五・一～八）　神の怒りに満ちた七つの鉢（一六・一～二一）
第六部　バビロンの滅亡（一七・一～一九・一〇）
裁きの宣告（一七・一～一八）　天使の告知（一八・一～二四）　天国における賛美（一九・一～一〇）
第七部　救済史の成就とエピローグ（一九・一一～二二・二一）
キリストの再臨（一九・一一～二一）　千年王国（二〇・一～一〇）　最後の審判（二〇・一一～一五）　新しいエルサレム（二一・一～二二・五）　結論（二二・六～二一）

第二節　ヨハネの黙示録の第一部（一・一～三・二二）

1　概要

著者ヨハネは、まずこの文書全体がイエス・キリストから与えられた真正な黙示（啓示）であり、しかもそれが速やかに起こることを言明する。キリストの再臨は切迫している。この黙示の伝達経路は神↓イエス・キリスト↓天使↓ヨハネである（一・一～二）。

ヨハネは直接、幻（vision）という現象を目撃し、それを通して神の言葉とキリストの証しを記述した。幻とは視覚または聴覚を媒介にして伝えられる未知の事柄・出来事である。

しかもヨハネはパトモス島でキリストの姿を目撃した。キリストの口からは鋭い両刃《もろは》の剣が出ていて、その顔は輝く太陽のようであった（一・一六）。これは文字通りキリストがそのような顔をしていたということではなく、キリストが神の権威を持つ裁き主であることを示唆している（イザヤ一一・四、四九・二）。このような描写は、福音書で記録されているキリストのイメージと全く異なる。

この文書は、キリストの命令により、アジア州（小アジア）のエフェソ、スミルナ、ペルガモン、ティアティラ、サルディス、フィラデルフィア、ラオディキアの七つの教会宛てに送られた。ただし、二～三章で記述されている各教会への書簡は、七通に分けられるのではなく、むしろそれは七つの教会に宛てた一通の回覧書簡なのである。つまり、各々の書簡は七つの教会に共通するキリストのメッセージなのである。しかもヨハネの黙示録全体が丸ごと一通の書簡であるといえる。したがって、各書簡とそれ以外の箇所は内容として密接に関連しているのである。言い換えれば、書簡の中で語られているキリストの叱責と勧告と慰めは、七つの教会に共通した事柄である。

2　重要な箇所の釈義[116]

プロローグ（一・四～二〇）

ヨハネの黙示録では「七」という数字が繰り返し用いられている。第一部でも「七つの教会」と「七つの霊」（四節）、「七つの金の燭台」（一二節）、「七つの星」（二〇節）という言い回しがある。他の箇所でも「七つの封印」（五・一）、「（小羊の）七つの角と七つの目」（五・六）、「七つのラッパ」（八・二）などの表現がある。聖書では「七」は完全数を意味する。神は七日目に天地創造を完成し、安息した。週の終わりは第七の日になった（創世二・一〜三）。

そこでアジア州の「七つの教会」とは、歴史的に実在した教会を指すと同時に、象徴的な意味での教会をも意味する。すなわち、それらは普遍的で全体的な教会であるから、アジア州の七つの教会に宛てた手紙は、全世界の教会に宛てた手紙でもある。

七節の預言は、ダニエル書七章一三節とゼカリヤ書一二章一〇節を結合したものである。またキリストの姿の描写（一・一四）は、ダニエル書七章九節（日の老いたる者）および同七章一三節と一〇章五〜六節（人の子・一人の人）の記述に基づいている。キリストは、旧約聖書で預言されていた超越的存在（人の子）としてこの世に再臨し、最後の審判を行う。

ヨハネは教会の信徒と共にキリストに結ばれ、その苦難、支配、忍耐に預かっている（九節）。キリストの近くにある「七つの金の燭台」（一二節）は七つの教会を表している（二〇節）。この表象は、おそらくゼカリヤ書四章二〜三節の「七つの管の付いた金の燭台」に基づく。これは神の霊の象徴である（ゼカリヤ四・六）。そこで「七つの金の燭台」は神の霊・聖霊が働いている教会であろう。また燭台は当然、灯火《ともしび》を暗示している（四・五）。聖霊は教会に信仰の証しという灯火をもたらす。

またキリストは右手に七つの星を持っているが（一六節）、七つの星は七つの教会の天使たちを意味する（二〇節）。そして七通の手紙は各教会自体ではなく、各教会の天使に送られている。これはどういう意味なのか。

この場合の天使は、天の存在であると同時に教会を守護しそれを代表している天の存在であると解せられる。そこで七人の天使は各々担当する教会に関して責任を負っている。したがって、七通の手紙は天使に送られ、各々の手紙の中で天使の責任が追及されている。

以上の釈義からわかるように、ヨハネの黙示録では教会論の視点から終末論が展開されるのである。

エフェソの教会にあてた手紙（二・一〜七）

エフェソは小アジアの首都であり、パウロの伝道の中心地であったと考えられている（第一コリント一六・八、エフェソ一・一）。エフェソの教会は、異教世界における伝道の開始において指導的役割を果たしていたので、まずこの教会に宛てて書かれている。

エフェソはギリシアの女神アルテミス崇拝が盛んで（使徒一九・二三以下）、またドミティアヌス帝に対する礼拝も行われていた。エフェソの教会は、偶像崇拝、皇帝崇拝の圧力に耐えていたのである。

「悪者ども」（二節）とはおそらく「ニコライ派」（六節）のことであろう。残念ながら、この派の正体は不明である。ペルガモンの教会の「バラムの教え」（二・一四）と関係があるのかもしれない。これはクリスチャンになっても偶像崇拝などの世俗の生活から離れなくてもよいという教えである。

しかしエフェソのクリスチャンは、そのような教えを拒絶した。そこでキリストは「あなたの行いと労苦と忍耐を知っている」という賞賛と慰めの言葉をかけている。

「初めの頃のアガペー（愛）から離れてしまった」（四節）というのはどういう意味なのだろうか。アガペーは神の愛であり、それを受けることによって生じる兄弟愛、隣人愛である。つまり、エフェソの信徒たちの間で兄弟愛が冷めてしまったのだろう。ヨハネの黙示録においてもアガペーは重要なモティーフなのである。

スミルナの教会にあてた手紙（二・八～一一）

スミルナは当時、エフェソと同様に繁栄していた。この町では女神ローマ（ローマという都市を神格化した神）をはじめローマの宗教を崇めるために神殿が建てられ、また皇帝崇拝に抵抗することが困難な環境にあった。そこでスミルナの信徒たちは、エフェソの信徒たちと同様に苦難を強いられていた（九節）。

「自分はユダヤ人であると言う者ども」（九節）とは、キリスト者を攻撃し、迫害するユダヤ人のことである。彼らはキリストに敵対しているので、「サタンの集いに属している」。したがって、彼らは真のユダヤ人ではない。真のユダヤ人は、著者ヨハネのごとくユダヤ人キリスト者を指す。それゆえ、ここではユダヤ人という民族を差別しているわけではない。

「第二の死」（一一節）とは、最後の審判において永遠の滅びの裁きを受けることである（二〇・六、一四、二一・八）。クリスチャンは第一の死（肉体の死）を免れないが、第二の死から救われている。

ペルガモンの教会にあてた手紙（二・一二～一七）

ペルガモンにもギリシアの神々を祀《まつ》る神殿が建てられていた。またアウグストゥスや女神ローマの神殿もあった。それゆえ、この町には「サタンの王座」（一三節）がある。このような環境でキリストに従う信仰を持つことは、至難の業である。ヨハネの思想によれば、サタンはキリストの民を迫害するためにローマの政治的権力を利用する。この権力は「獣」という象徴言語で示されている（一三・一以下）。

「バラム」（一四節）とは、民数記では占い師で（二二・一〜二三・一二）、偽りの預言者を指す（三一・一六）。バラムの教えとニコライ派の教えは、クリスチャンになっても偶像崇拝などの世俗の生活から離れなくてもよいという教えであろう。

「白い小石」（一七節）の意味は不明であるが、「マンナ」（一七節）と関連するのだろう。「マンナ」は「マナ」のことで、イスラエルが荒れ野で神から与えられた食べ物である（出エジプト一六・三一）。ここでは主の晩餐におけるパンとぶどう酒を暗示しているのだろう。そこで白い小石とは、主の晩餐に参加できる招待状のようなものだろう。

ティアティラの教会にあてた手紙（二・一八〜二九）

「神の子」（一八節）は、ダニエル書三章二五節の「神の子のような姿」をした者に対応している。ダニエルの友人であるシャドラク、メシャク、アベド・ネゴは、新バビロニアのネブカドネツァル王の命令で燃えさかる炉に投げ込まれるが、「神の子のような姿」をした者によって助けられた。

そしてここでは、神の子であるキリストが、イゼベルという女の教えを拒絶する信徒たちを救うということが約束されている。イゼベルは偽預言者で信徒たちに偶像崇拝を教えている。

サルディスの教会にあてた手紙（三・一〜六）

キリストはサルディスの信徒たちが「死んでいる」と叱責している（一節）。この場合の死とは霊的な死である。すなわち、聖霊の力を受けていない状態を指す。そこで「目を覚ます」（二節）というのは、聖霊の力を受けて再び本来の信仰を取り戻すということである。言い換えれば、緊張感を持ってキリストの再臨を待ち望むということである。

「白い衣」（四節）は清めと栄光の象徴である。ダニエル書では「日の老いたる者」という超越者は、白い衣を着ている（七・九）。また神に忠実な者は、清められ白くされ、精錬される（黙示録七・一四）。それと同様に救われる者は、白い衣を着ることが許される。

フィラデルフィアの教会にあてた手紙（三・七〜一三）

「ダビデの鍵を持つ方」（七節）とは、イザヤ書二二章二二節の「わたしは彼の肩に、ダビデの家の鍵を置く。彼が開けば、閉じる者はなく、彼が閉じれば、開く者はないであろう」という言葉に基づく。ただし、イザヤ書では王宮の扉の鍵を開ける権威が述べられているのに対して、ここでは死後の世界に通じる扉の鍵を持つ権威が示されている。

キリストは「死とハデース（陰府《よみ》）」の鍵を持っている（一・一八）。旧約思想ではハデースは、ほとんどすべての死者が入る世界で、闇の世界である（ヨブ七・九、詩六・六、八九・四九）。これに対して、キリストが開放している門（八節）とは、救いの門、天国に至る門である。

ラオディキアの教会にあてた手紙（三・一四〜二二）

ラオディキアの教会はコロサイ書にも言及されている（二・一、四・一三〜一七）。

この教会の信徒の信仰は「冷たくもなく、熱くもない」。つまり生ぬるいのでキリストは、彼らを吐き出そうとしていて、「むしろ冷たいか熱いか、どちらかであってほしい」（一五節）と厳しく批判している。これはどういう意味なのか。

これはラオディキアとその周辺の水の温度に関係している。ラオディキアのすぐ北でキリスト教の中心地であったヒエラポリスでは温泉が出ていた。温泉の熱い水は医療に効能があるといわれていた。またコロサイの冷たい水は純粋で飲用に適していた。つまり生きる力を与える効能を持っていた。それに対して、ラオディキアの水は実際に生ぬるく、飲用には不向きであった。

したがって、ヨハネはこのような水の環境を背景にして、信仰の在り方を提示しているのである。すなわち、すがすがしく活力を与える冷たい水かあるいは反対に癒やしの効果を持つ熱い水であることを要求している。

そこでキリストは、信徒たちの信仰を「火で精錬した金」（一八節）にすることを宣言する。

そのためにキリストは彼らの心の扉をたたいている（二〇節）。一般的に解釈すると、私たちがキリストの存在に気づく前に、すでにキリストは私たちのすぐ近くに立っていて、私たちの心の扉をたたいている。

3　神学的解釈

「恐れるな。わたしは最初の者にして最後の者、また生きている者である。一度は死んだが、見よ、世々限りなく生きて、死と陰府の鍵を持っている」。（一・一七～一八）

一章では重要なキリスト論が提示され、この議論がヨハネの黙示録全体の主題に影響を与えている。すなわち、キリストは過去・現在・未来において存在し、神性と人性の両性を有している。

キリストは過去において十字架にかかり、流した血によって私たちを罪から解放した。そして死者の中から最初に復活し、地上の王たちの支配者となった。キリストが死ぬということは人性を有しているということである。

そしてキリストは自分が「最初の者にして最後の者、また生きている者である」（一七～一八節）と宣言する。このフレーズはイザヤ書四四章六節の言葉に基づいている。そこではイスラエルの神は永遠の存在であるということが告知されている。

そしてキリストの言葉は、「わたしはアルファであり、オメガである」（八節）という神の自己表明に対応している。ギリシア語のアルファベットではアルファ（Α）は最初の文字であり、オメガ（Ω）は最後の文字である。すなわち、「最初の者にして最後の者」と同じ意味である。ここからわかるように、キリストは神の本質を持っている。さらに以上のフレーズは、ヨハネの黙示録の終局においても若干表現を変えて繰り返されている（二一・六、二二・一三）。

このように信徒はキリストが完全な神性を持ち、未来永劫にわたってこの世を支配していることを確信することによって確実な希望を持つことができるのである。さらに神とキリストと聖霊が並列的に叙述されている（一・四〜八）。またヨハネは「霊」と書かれている聖霊に満たされてキリストと出会い、さらに聖霊の導きにより、天国に上昇する（一・一〇、四・二）。ここからわかるように、ヨハネの黙示録では、実質的に三位一体の定式が認められる。

そしてヨハネは「わたしは、あなたがたの兄弟であり、共にイエスと結ばれて、その苦難、支配、忍耐にあずかっているヨハネである」（九節）と述べている。原文を正確に訳すと、「イエスにおける苦難、神の王国、忍耐にあずかっている」という言葉になる。終末時には過酷な迫害、戦争、天変地異、飢饉などの災いが起こる。しかしこのような苦難を通過しなければ、神の王国に入ることはできない。キリストはこの世で多くの苦難を受けて栄光の王国に入った。

そしてこのようなキリストに結ばれることによってはじめて、私たちは苦難を耐え忍び、永遠の王国に到達することができるのである。

第三節　ヨハネの黙示録の第二部（四・一～八・一）

1　概要

著者ヨハネは、神の命令により天国に引き上げられる。聖霊に満たされ、天国の荘厳な光景を目撃するが、神の姿そのものは描かれず、それは碧玉や赤めのうという比喩で表されているに過ぎない。また二十四人の長老や四つの生き物、そして小羊の姿をしたキリストを目撃する。小羊が神から七つの封印で封じられた巻物を受け取り、一つ一つその封印を開いていった。それに伴い、次々と壮大な現象が展開し、終末の出来事が予め開示される。そして第二部の結末で神の究極的な救済の主題が宣言される。

ただし、ヨハネはこれらの情景をそのまま目撃して、再現したわけではない。彼が特別な幻視を経験したことは確かであるが、彼はその経験内容を時間をかけて文学的な形式に再構成した。すなわち、記述されている多くの事物や現象は、アレゴリー（隠喩）や象徴語などであり、読者はそれらに隠された信仰的意味を解読しなければならない。このことはヨハネの黙示録全体に当てはまる。

2　重要な箇所の釈義

天国の玉座の広間（四・一～一一）

天にある神の玉座（二節）は、全宇宙の中心である（ダニエル七・九）。碧玉と赤めのう（三節）という宝石は、エゼキエル書二八章一三節におけるエデンの光景を連想させる。また玉座の周りにあるエメラルドのような虹（三節）は、エゼキエル書一章二六～二八節における虹のように光を放つサファイアのような王座の形という記述に類似する。そして黙示録では神の都における城壁の土台石は、「あらゆる宝石で飾られていた。第一の土台石は碧玉、第二はサファイア、第三はめのう、第四はエメラルド、第五は赤縞めのう、第六は赤めのう……」（二一・一九～二〇）と記述されている。これらの宝石は神の新しい創造のしるしである。

玉座の周りにいる二十四人の長老（四節）とは誰なのか。彼らはおそらく天使たちおよび旧約と新約の聖徒たちの両方を示している「二十四」という数字は、イスラエルの十二部族と十二使徒を足したものであろう。すなわち、旧約と新約における贖《あがな》われた共同体全体を指している。

「水晶に似たガラスの海」（六節）という言い回しは難解である。これはおそらく出エジプトにおける「葦の海」（あるいは紅海）と関連している。エジプトを脱出したイスラエルの民は、葦の海に妨げられて、もはや前進することができなくなった。しかも背後からはエジプトの軍隊が追撃してきた。そこで神は葦の海に道を開いて、彼らを向こう岸まで通過させた（出エジプト一四章）。また葦の海は獰猛な竜の住処《すみか》であると考えられていた（ヨブ二六・一二、詩七四・一三、イザヤ五一・九～一一）。そこで海はイスラエルの解放を妨げ、その命を脅かす存在として見なされている。あるいはカオス的な世界の象徴でもある。しかし天国においては海は神によって鎮められ、透明な水晶に似たガラスのような存在になってしまったのである。

玉座の中央とその周りの四つの生き物（六節）とは何者か。それらは獅子、若い雄牛、人間、鷲のような姿をしているが、これらの形象はイザヤ書六章のセラフィムおよびエゼキエル書一章の四つの顔を持つ生き物の姿を合成したものであろう。これらは異形《いぎょう》の天使を表現していると解釈できる。

これらの天使たちは、昼夜を問わずいつも神を賛美し、二十四人の長老たちも神を礼拝している（八～一一節）。この天上の礼拝は、地上の教会の礼拝とつながっている。

巻物の小羊への手渡し（五・一～一四）

神の右手にある巻物は七つの封印で封じられていた（五・一）。この記述は、「ダニエルよ、もう行きなさい。終わりの時までこれらの事（神の啓示）は秘められ、封じられている」（ダニエル一二・九）という大天使長ミカエルの言葉を背景にしている。

そして誰もこの巻物を開くことができないのでヨハネは慟哭《どうこく》した（四節）。「キリストでさえもこの巻物の秘密を開示できないのか。苦しい試練の状況において神の子は助けてくれないのか……」。

しかし、小羊の姿をしたキリストが、巻物の七つの封印すべてを開くことができた（六章以下）。ここで注意すべきは、キリストの外見の変化である。

最初、キリストはヨハネに人の子のような姿で現れ、その口からは鋭い両刃《もろは》の剣が出ていて、その顔は輝く太陽のようであった（一・一二〜一六）。しかし、五章六節ではキリストは小羊の姿で現れる。その理由は、キリストの贖罪の業に関係する（九節）。

ここで小羊とは、「過越の小羊」（出エジプト一二・三〜一三）または「神の小羊」（ヨハネ一・二九）と関連する。キリストは過越の小羊として屠られた（第一コリント五・七、第一ペトロ一・一九）。キリストは十字架において自分の血を流すことで罪の贖いという救いを完成した（ローマ三・二五）。

言い換えれば、十字架で犠牲になったキリストのみが、旧約聖書以来の神の経綸を成就し、秘められて封じられている神の巻物を開示することができるのである。それゆえ、小羊の姿をとったキリストが巻物の七つの封印すべてを開くのである。

なお小羊の七つの角とは支配者としての尊厳のしるしであり（申命三三・一七、詩一八・三）、また七つの目とは神の目であり、全能全智のしるしである（ゼカリヤ四・一〇）。

七つの封印の開封（六・一～八・一）

小羊が初めの四つの封印を開いたとき、第一に白い馬、第二に赤い馬、第三に黒い馬、第四に青白い馬が登場した（六・一～八）。白い馬に乗った騎士は、キリストではない。本来、「白」はキリストの色であるが（一・一四、一九・一一～一六）、この箇所では白を装った騎士の正体は、キリストのしるしを装ったサタンであろう。サタンはキリストを偽装して人々を欺き、他の三人の騎士を率いて深刻な災いを世界にもたらすのである。赤はローマのカエサル（皇帝）の色で、権力の濫用や高慢を意味する。黒は死や虚無を意味する。青白い色は、土色に近く、生気のない悲しみの色である。

「コイニクス」は約一・〇九リットル、「デナリオン」は労働者一日分の賃金に相当する。一コイニクスの小麦は、一人が一日で食べる量で、三コイニクスの大麦は、一人が三日で食べる量である。それが一デナリオンで売られている（六・六）。この価格は当時のローマ帝国における相場の八～一六倍に相当する。つまり恐るべき飢饉の状態なのである。

小羊が第五の封印を開いたとき、ヨハネは殉教者たちが天の祭壇の下にいるのを見た（六・九）。彼らは義人であり、復活の日まで暫定的にこの場所に留まっている。彼らは神の完全な正義が早く実現することを切望している（六・一〇）。

小羊が第六の封印を開いたとき、大地震が起こり、太陽と月は変化し、星は天から落下した。また天そのものが消滅した（六・一二〜一四）。第二ペトロ書では「その日（終わりの日）、天は激しい音をたてながら消えうせ、自然界の諸要素は熱に熔け尽くし、地とそこで造り出されたものは暴かれてしまいます」（三・一〇）と書かれている。終末には世界全体の秩序が崩壊するということである。したがって、どのような場所に隠れても、無益である。

四人の天使たちは、各々四方の強い風を抑制し、それによって大地と海の荒廃を防いでいる（七・一）。また東方から神の刻印を携えてやってきた別の天使が、四人の天使たちに対して、「我々が、神の僕《しもべ》たちの額に（神の）刻印を押してしまうまでは、大地も海も木も損なってはならない」という指示を与える（七・三）。この指示を言い換えれば、神の僕たちに神の刻印を押した後は、大地も海も木も損なってもよいということになる。この内容には四人の騎士たちがもたらす災いも含まれているのだろう。すなわち、終末に起こるあらゆる災難は、神の支配のもとにあるということになる（イザヤ四五・七、ヨエル二・一三）。

神の刻印を押された人々は、十四万四千人である（七・四）。「十四万四千」という数字は、一万二千の十二倍である。あるいは十二の二乗の千倍である。いずれにせよここでは「十二」という数字が象徴的な意味を持っているのだろう。というのは十四万四千人の人々は、イスラエルの十二部族に分けられているからである（七・五～八）。ただし、ここでは十二部族はもはや歴史的な民族共同体ではなく、終末時の神の民であるキリストの教会を意味している（ガラテヤ六・一六、黙示録二一・一二）。

小羊が第七の封印を開いたとき、天国は半時間ほど沈黙に包まれた。旧約思想では、沈黙は神の審判と関係する。詩編では「主よ、あなたを呼びます。わたしを恥に落とすことなく、神に逆らう者をこそ恥に落とし、陰府に落とし、黙らせてください」（三一・一八）と書かれている。またハバクク書では「しかし、主はその聖なる神殿におられる。全地よ、御前に沈黙せよ」（二・二〇）と書かれている。

七つの封印の開示で起こる事柄は、いずれも神の審判の内容である。そこで第七の封印を開いたときに、全世界が沈黙するのである。

3　神学的解釈

「我々が、神の僕たちの額に刻印を押してしまうまでは、大地も海も木も損なってはならない」。（七・三）

神の刻印を押されるということは、神に所属し、神の僕になるという意味である。すなわち、神の保護を受けるということである。ただし、それは肉体的苦しみを免れることを意味しない。神の僕も四人の騎士たちがもたらす災厄（六・一～八）から自由ではない。むしろこれらの艱難は神の僕の信仰を精錬し、純化させる（三・一九）。その反対に神を信じない者は、艱難によってますます心を硬化させる。

そして、終末における新しい天と新しい地の実現という展望を持つことによって、キリスト者はなんとか信仰を保ち続けることができるのである。

七章の終わりでは天上における礼拝が荘厳な雰囲気で行われている。これは終末における新しい天と新しい地・新しいエルサレム（二一章以下）の先取りである。ヨハネはこの光景を目撃した。彼の経験を通してこの世のキリスト者も、教会の礼拝において天国の礼拝と一体化することができる。これこそが礼拝における最も大いなる幸いである。

（口絵9）ヤン・ファン・エイク「小羊への礼拝」。聖杯は祭壇の神の小羊（キリスト）から流れる血を受けている。周囲に天使がいて、神の小羊を礼拝している。祭壇の手前には、命の泉があり、そこから命の水が流れている。神の都には命の水の川が流れている（二二・一～二）。後方右側（丘の手前）に巡礼者の群れがいて、祭壇と命の泉に向かって行進している。後方左側に聖職者の群れ。前方右側は、新約聖書の登場人物と聖職者の群れ。前方左側に旧約聖書の登場人物。

第八章　ヨハネの黙示録の世界（後半）

この章ではこの書物の後半部分の釈義と神学的解釈を展開し、第五節の神学的解釈において世界の終末という視点からキリスト教の信仰を再検討する。

第一節　ヨハネの黙示録の第三部（八・一〜一一・一九）

1　概要

半時間の沈黙の後、七人の天使が各々ラッパを吹く。第一の天使から第四の天使までが順次ラッパを吹き、世界に多くの災難をもたらす。その後に続いた天使はさらに大きな破局をもたらす。

そして第七の天使がラッパを吹く前に二人の証人が登場し、ユダヤ人を悔い改めさせるために預言を行う。彼らはこの世に再来すると伝えられてきたモーセとエリヤであると考えられる。しかし、彼らが証しを終えると、一匹の獣が彼らを殺してしまう。彼らの死体はエルサレムで三日半さらされるが、その後、復活して、天に引き上げられる。

第七の天使がラッパを吹いた後は、一転して神の秘められた計画が成就する。すなわち、天上の礼拝が始まり、神は現実に統治者になる。ただし、「第三の災い」が起こることも予告されている（九・一二、一一・一四）。もっとこの災いの内容は明示されていない。

2 重要な箇所の釈義(117)

七人の天使のラッパ（八・二〜一一・一九）

第七章第一節で説明したように、「七」は完全を意味するから、七人の天使と七つのラッパ（八・二）は、神の行為の完全さを暗示している。

ラッパの原語は「サルピンクス」σάλπιγξ であるが、これは旧約聖書で記述されている金属製の管楽器または角笛（雄羊の角）を指す。サルピンクスは軍事にも宗教的儀式にも使用された（出エジプト一九・一六、レビ二三・二四、列王下一一・一四）。またヨエル書二章一〜二節では「シオンで角笛を吹き、わが聖なる山で鬨《とき》の声をあげよ。この国に住む者は皆、おののけ。主の日が来る、主の日が近づく。それは闇と暗黒の日、雲と濃霧の日である。強大で数多い民が、山々に広がる曙の光のように襲ってくる。このようなことは、かつて起こったことがなく、これから後も、代々再び起こることはない」と預言されている。主の日とは終末の時であり、神の裁きの日である。

新約聖書でもこのような用法が受け継がれ、サルピンクスは終末時における重大な出来事の合図として用いられる（第一コリント一五・五二、第一テサロニケ四・一六）。すなわち、ラッパの響きは、どんな遠方までも鋭い音を伝えるものとして、終末における神の宣言を表わす。

黙示録の八章以下では、ラッパの演奏は、なかんずく神の裁きの宣言として使用されている。復活したキリストはすでに神の権威をもって七つの封印を開いた（八・一）。七つのラッパの響きはキリストのこの行動に対応している。そして、キリストは封印の開封を通して、全世界に災いという裁きをもたらすのである。

蝗《いなご》の襲撃（九・二～一一）

蝗の大群（三節）は、地下の底なしの淵から飛来するから、これは単なる昆虫の群れではなく、サタン的な勢力を意味する。これらの群れは、植物を食い荒らすのではなく、むしろ額に神の刻印を押されていない人々を襲うのである。植物はすでに甚大な被害を受けている（八・七）。

神に敵対する諸国民は、蝗によってサソリに刺されたような苦痛を与えられる。この苦しみを受けた者は、死ぬことを願うが、死が彼らから逃げて行き、生きながらにして地獄の責め苦に遭う。まことに戦慄すべき光景である。

黙示録における蝗の顔は人間の顔のようであり、これはヨエル書一章六節における「強大で数知れない民」の容貌に似ている。ただしヨエル書では蝗は植物を食い荒らすが、黙示録ではその被害は人間にのみ及ぶ。

蝗の首領はヘブライ語で「アバドン」、ギリシア語で「アポリオン」と呼ばれる。アバドンは滅びの場所を意味し（ヨブ二六・六、詩八八・一二）、またアポリオンは滅ぼす者という意味である。すなわち、これは悪魔を暗示しているといえる。

神の刻印（九・四）

「神の刻印」（七・四、九・四）という言い回しにおける「刻印」の原語は、「スフラギス」σφραγίς である。これはしるるし、封印、証印のことである。すなわち、神とキリストの名前をしるした刻印を指す。

また「スフラギゾー」σφραγίζω という動詞は、封印する、証印を押す、（証印を押すことにより）確認・認証するという意味である。そして、法的に正しいことを立証する、所有権を示すという意味を含む。

古代ローマでは主人が奴隷の額に証印を押すという慣習があった。それは奴隷が主人の所有物であることを証明するためであった。それゆえ、額に神の刻印を押された人は、神が所有するしもべであり、神の領域に属し、その命が神によって保護されているのである。

ちなみにパウロは「私はイエスの焼き印を身に受けている」（ガラテヤ六・一七）と述べている。焼き印の原語は「スティグマタ」στίγματα であり、これは「スティグマ」στίγμα の複数形である。スティグマも奴隷の体に押される焼き印である。パウロもまた自分がキリストの奴隷であることを自認していた。

四人の天使たち（九・一三〜二一）

四人の天使たち（九・一四）はユーフラテス川のほとりに拘束されていたが、暫くの間、解き放たれる。彼らは正しい天使ではなく、神の次元に上昇しようとする野心を持った天使であろう。そのために天から追放され、陰府《よみ》に投げ落とされたと考えられる（イザヤ一四・一二、ルカ一〇・一八、第二ペトロ二・四）。

そして釈放された天使たちは、悪魔と同じような勢力になる。彼らは騎兵の姿をした悪霊の大軍勢を統率し、邪悪な激情を放出し、自分たちの力を誇示するために全世界で悪行三昧《あくぎょうざんまい》に及ぶ。

開かれた巻物の味（一〇・八～一〇）

ヨハネは天使から開かれた巻物を受け取り、それを食べてしまった（一〇・一〇）。これは小羊なるキリストが開いた巻物である。ヨハネの行動はエゼキエル書三章一節以下の記述の応用である。

ヨハネが食べた巻物は、口の中では蜜のように甘い味がするが（エゼキエル三・三）、胃腸の中では苦い。すなわち、巻物に書かれている使信が甘いのは、神の民が終末まで神によって守られているからである。またそれが苦いのは、永遠の王国に至る道には、まだ幾多の艱難が待ち受けているからである。

二人の証人（一一・三～一二）

二人の証人とは、この世に再来すると伝えられてきた旧約の預言者モーセとエリヤであると解せられる。「雨が降らないように天を閉じる力がある」（六節）預言者は、エリヤのことである（列王上一七・一）。また「水を血に変える力がある」（六節）預言者は、モーセのことである（出エジプト七・一七、一九、二〇）。

エリヤは生きたまま天に引き上げられた（列王下二・一一）。モーセは申命記三四章五節で死んだことになっているが、神が彼をひそかに葬ったという申命記三四章六節の記述は、モーセは死んだのではなく、エリヤのように直接天へ引き上げられたという伝承の源になった(118)（モーセの昇天ギリシア語断片）。

なおマラキ書三章二三節では「見よ、わたしは大いなる恐るべき主の日が来る前に預言者エリヤをあなたたちに遣わす」という預言がある。

そして黙示録ではエリヤとモーセとは、実はキリストの民を暗示している。また彼らを殺す「獣」（七節）とは、ローマ帝国の権力を表している。これは再び一三章一節以下で登場する。多くのキリストの民がローマの迫害によって殺されることが暗示されている。しかし、キリストがエルサレムで十字架につけられた後、三日目に復活したように、彼らも多くの苦難を受けた後に、復活の栄光にあずかることができる。

3　神学的解釈

小羊が六つの封印を開くことで、甚大な災厄が起こる（六章以下）。さらに小羊が七番目の封印を開いたとき、まず六つのラッパが響き、各々別の危難が降りかかる（八・七〜九・二一）。第七のラッパの響きにより、漸く神の究極的勝利が宣言され、天上において神が賛美される

（二一・一五〜一八）。おそらく大半の読者は、これらの記述に当惑するのではなかろうか。

──ヨハネはなぜこれほどまで執拗に災いの情景を繰り返すのか。神は終末において本当にこのような艱難を私たちに与えるのだろうか。

第七章第三節で述べたように、ヨハネが記述する情景は現実そのものではなく、神から与えられた幻視である。しかも彼はこれらの情景をそのまま目撃して、再現したわけではなく、その経験内容を時間をかけて文学的な形式に再構成したのである。

したがって、黙示録の記述内容がそのまま未来において起こるわけではない。むしろここではヨハネの神学的意図を読み取らねばならない。それは第一に神が天使を用いて継続的にこの世で働いているということである。神は悪を見逃しているのではなく、災害を通してそれを根絶しようとしている。そのためにはサタンの勢力も利用される。サタンの勢力は結局、神の支配の下にある。

第二にクリスチャンは、幾多の艱難をくぐり抜けることにより、不純な信仰が純化され、精錬される。そのことを理解しない者は、神から離れていく。

第三に真実の信仰はキリストに従う信仰である。キリストがエルサレムで十字架につけられた後、三日目に復活したように、クリスチャンもまず試練の道を歩まねばならない。この道を通過してはじめて、永遠の王国の住民になることができるのである。

ヨハネは以上のメッセージを読者がリアルに体得するために、幻という表象を用いているのである。

あなたがたは、終わりの時に現されるように準備されている救いを受けるために、神の力により、信仰によって守られています。それゆえ、あなたがたは、心から喜んでいるのです。今しばらくの間、いろいろな試練に悩まねばならないかもしれませんが、あなたがたの信仰は、その試練によって本物と証明され、火で精錬されながらも朽ちるほかない金よりはるかに尊くて、イエス・キリストが現れるときには、称賛と光栄と誉れとをもたらすのです。（第一ペトロ一・五～七）

第二節　ヨハネの黙示録の第四部（一二・一～一四・二〇）

1　概要

第四部は黙示録全体の中心部分になっている。まずサタンを表す「赤い竜」が、神の民などを表す「女」とキリストを滅ぼそうとする。しかし、天使ミカエルの軍勢が竜に打ち勝ち、これを天から落下させる。竜は地上に落とされても、執拗に「女」を攻撃する。

一匹の獣が海から上がってくる。竜はこの獣に自分の力と王座と大きな権威を与えた。人々はサタンである竜を拝む。さらにもう一匹の獣が地中から上がってきて、獣の像を拝むことを地上に住む人々に強制する。これは皇帝礼拝の強制を意味する。

地上における皇帝礼拝の現実に対して、天使が真実の礼拝の在り方を告知する。イエス・キリストが啓示した神こそ真の神であり、地上の神々を超越している。この神を礼拝することが正しい信仰の在り方である。

獣とその像を拝み、獣の刻印を受ける者は、神の厳しい処罰を受けねばならない。それに対して、キリストに結ばれて死ぬ人は、永遠の平安を受ける。

2　重要な箇所の釈義

女と竜とミカエル（一二・一～一八）

また、天に大きなしるしが現れた。一人の女が身に太陽をまとい、月を足の下にし、頭には十二の星の冠をかぶっていた（一節）。

この女性は真のイスラエル、すなわち旧約と新約における神の民の象徴である。旧約の預言者の伝統において、エルサレムの住民は「娘シオン」という言葉で表現される（イザヤ一・八、一〇・三二、ゼファニヤ三・一四、ゼカリヤ二・一四）。またヨハネもこのような伝統を受け継いで、新しいエルサレムを花嫁としてたとえている。これは真のイスラエルを意味する。

そしてユダヤ教の伝統において太陽はアブラハムを指し、月はイサクを指し、星はヤコブとその子孫である十二部族を指す。また女性がかぶっている冠は、キリストの最終的勝利と王としての身分の象徴であり、また女性が冠をかぶっているということは、キリストの民もキリストの栄光にあずかることができることを意味する。

「女」を攻撃する赤い竜（三節）はサタンである（九節）。竜の赤色は、炎を表す（イザヤ一四・二九）。新約聖書では竜の姿をしたサタンは、黙示録においてのみ登場する。おそらく竜は旧約のレビヤタンと同一視されている。これはワニに似た巨大な怪獣である（ヨブ四〇・二五）。中東の多くの宗教では、竜は神に敵対する勢力として登場する。混沌の怪物は多くの頭を持っている（詩七四・一三～一四）。

また旧約聖書ではレビヤタンは、イスラエルを虐待したエジプトの王を示している（詩七四・一四、エゼキエル二九・三、三二・二～三）。そしてヨハネはこの用法を応用してレビヤタン、すなわち赤い竜をローマの象徴語として用いていると解せられる。赤い竜はサタンであるが、その支配下にあるローマをも意味している。

赤い竜には七つの頭と十本の角があった。これはおそらくダニエルが見た大きな獣の夢（ダニエル七章）をモティーフにしたものであろう。その夢ではまず三頭の獣が現れ、そのうちの一つは四つの頭を持っている。次に第四の獣には十本の角が生えている。そこでヨハネはそれらを合算して「七つの頭と十本の角」と見なしたのだろう。

「女」が生んだ子（五節）はいうまでもなくイエス・キリストである。キリストは神のもとへと高挙した。

ミカエル（七節）は大天使長でサタンとの戦いにおける神の勢力の代表である。ダニエル書一二章一節では「その時、大天使長ミカエルが立つ。彼はお前の民の子らを守護する。その時まで、苦難が続く。国が始まって以来、かつてなかったほどの苦難が。しかし、その時には救われるであろう。お前の民、あの書に記された人々は」という預言がある。そこで黙示録ではこの預言の成就として、ミカエルは「女」、すなわち神の民を守るためにサタンの軍勢と戦い、勝利するのである。

二匹の獣（一三・一～一八）

竜であるサタンは天から投げ落とされたが、まだ生きていてこの世で活動することを許されている。そして海から上がってきた獣に自分の力と王座と大きな権威を与えた（一～二節）。この獣はローマ帝国の政治的・軍事的権力を示している。

「この獣の頭の一つが傷つけられて、死んだと思われたが、この致命的な傷も治ってしまった。そこで、全地は驚いてこの獣に服従した」（三節）。

この文章は何を意味しているのか。六八年にローマ帝国で反乱が起きて、ネロは自殺した。六九年からフラウィウス Flavius 朝が起こり、ウェスパシアヌス、ティトゥス、ドミティアヌスが即位した。この事実を反映した記述と思われる。

あるいはネロは実は死んでおらず、ローマを破壊するために東方からパルティア人を引き連れて戻ってくるという伝説があった。この伝説が反映されているのかもしれない。

「地上に住む者で、天地創造の時から、屠られた小羊の命の書にその名が記されていない者たちは皆、この獣を拝むであろう」（八節）。第七章第一節で論述したように、歴代の皇帝の中で存命中、最初に人々に神的崇拝を要求したのは、ドミティアヌス（五一～九六）である。この獣とはドミティアヌスを指しているという可能性もある。

また地中から上がってきたもう一匹の獣（一一節）とは、皇帝礼拝の宣伝装置または宣伝者を意味している。この者はすべての者に獣の名前の刻印を押させた（一六節）。獣の名前の刻印は神の刻印（九・四）との反対概念である。神の刻印のみが獣の名前の刻印を打ち砕くのである。

さらに獣の名前は「六百六十六」という数字で表されている（一八節）。ヨハネの時代、ヘブライ語、ギリシア語、ラテン語においてすべての文字は数字を表すことができた。ヨハネはユダヤ人でヘブライ語に精通していたから、この用法を用いたということはあり得る。細かい計算方法は抜きにすると、ヘブライ語で「六百六十六」はNERON QESAR（皇帝ネロ）になる。

すでに述べたように、ネロはその時代には死亡していた。しかし、ネロは実は死んでおらず、ローマを破壊するために東方からパルティア人を引き連れて戻ってくるという伝説があった。おそらくヨハネはこの伝説を応用して、ドミティアヌスを凌ぐ恐るべき独裁者が台頭して来ることを警告したのだろう。その独裁者が誰であるかは不明である。

人の子の裁き（一四・一四～二〇）

人の子のような者が白い雲の上に座り、頭に金の冠をかぶっている（一四節）。ダニエル書七章一三～一四節では「人の子のような者」が天の雲に乗り、日の老いたる者のもとに進み、権威、威光、王権を受けたと書かれている。ヨハネはこの記述を用いて、キリストを栄光の人の子として描写している。

人の子は、鋭い鎌を持っていて、穀物の刈り入れのためにそれを地に投げ入れた。これは神の審判を意味するが、神の国に入る住民を選別するためである（マルコ四・二九、ヨハネ四・三五～三八）。ちなみに神の刻印を押された十四万四千人の聖徒（七・四、一四・一）は、収穫の初穂と見なされている。

次に天使が鋭い鎌でブドウの収穫を行う。これも神の審判を表す比喩（ヨエル四・一三）であるが、穀物の刈り入れとは正反対に神の怒りによるものである。すなわち、ブドウは神の怒りという大きな搾り桶に投げ入れられ、血が搾り桶から流れ出た（イザヤ六三・三参照）。ここで神の究極的な裁きがいよいよ始まるということが告知されている。

3　神学的解釈

また、もう一つのしるしが天に現れた。見よ、火のように赤い大きな竜である。これには七つの頭と十本の角があって、その頭に七つの冠をかぶっていた（一二・三）。

この巨大な竜、年を経た蛇、悪魔とかサタンとか呼ばれるもの、全人類を惑わす者は、投げ落とされた。地上に投げ落とされたのである。その使いたちも、もろともに投げ落とされた。（一二・九）

七章二節で論考したように、ヨハネの黙示録では神は実質的に三位一体の構造になっている（一九七頁参照）。これに対して、竜の姿をしたサタン（悪魔）と二匹の獣はサタン的三位一体・悪の三位一体を形成している。これは三位一体の神に根本的に反逆する勢力である。

サタンは元来、「敵対者」という意味のヘブライ語である。旧約聖書ではサタンはまれに登場するだけであり、しかもそれは天使の一人として描かれている。サタンは神の許可を得て、災いや病気を世界にもたらしている。(ヨブ一〜二章、ゼカリヤ三・一〜二)。旧約聖書では神は唯一であり、光と闇、平和と災いを創造する(イザヤ四五・七)。つまりすべての自然現象の起源は神である。ただし「災い」とは人間にとって不都合な現象であり、道徳的な悪を意味しない。

ところが新約聖書の時代になると、サタンは悪魔として登場する(マタイ四・一〜一一、六・一三、一三・一九、ヨハネ一七・一五、エフェソ六・一六、第一ヨハネ五・一八)。悪魔の原語は διάβολος(ディアボロス)であり、中傷する者、悪意の告発者という意味である。英語の Devil はこの単語から派生した。また「誘惑する者」(マタイ四・三)、「敵」(マタイ一三・二五、三九)、「この世の支配者(世の支配者)」(ヨハネ一二・三一、一四・三〇、一六・一一)などとも呼ばれている。

サタンは神のことを人間に中傷し、また神に人間の罪を告発することによって、両者の仲を裂こうとしている。サタンは神と人間との断絶を引き起こし、人間が滅亡することを狙っている。

ルカ一〇章一八節では「わたし(イエス)は、サタンが稲妻のように天から落ちるのを見ていた」と書かれている。オリゲネス(一八五頃〜二五四頃)の解釈によると、イエスは悪魔を稲妻にたとえ、天から落ちたといっている。すなわち、サタンはかつて天にいて、聖なる者たちの中に座を占め、すべての聖者が参与する光を受け取っていた。つまり光の天使であったが、転落してこの世の君主という名前を受けたという。(119) そこで中世のキリスト教では悪魔は

Lucifer（ルーチフェル）と呼ばれている。これは明けの明星、つまり金星のことである。

またカトリックの教理によれば、「悪魔およびその他の悪霊も、神によって本性上は善いものとして作られたが、自分で悪となったものである。人間は悪霊の誘惑によって罪を犯した」[120]（一二一五年の第四ラテラノ公会議）。

ここからわかるように、キリスト教では神から独立した悪の原理は成立しない。悪魔とその配下の悪霊たちも結局、神の統率のもとにあり、世の終わりにおいて滅ぼされることになっている（黙示録二〇・一〇）。

それではサタンは、古代の神話的表象であって、もはや現代では警戒の対象ではないのか。必ずしもそうではなかろう。

M・E・ボーリングの解釈によれば、サタンは個人の悪を超えた世界全体の悪の象徴である。ヨハネにとってサタンの力は、政治的、国家的な力である（一三・七、一八・三、二〇・三、八）。サタンは個人各人よりもむしろ国民全体を誘惑する（二〇・七〜八）。つまり、国民各人の意志を超えて世の中全体が悪の力によって引き寄せられるのである。[121]

また新約聖書では、サタンは「暗闇の世界の支配者、天にいる悪の諸霊」（エフェソ六・一二）である。すなわち、その正体は竜ではなく、不可視の霊的な存在である。肉眼では見えないからこそむしろ恐ろしいのである。

（口絵10）「ミカエルと竜と女」

第三節　ヨハネの黙示録の第五部（一五・一～一六・二一）

1　概要

七人の天使が最後の七つの災いをもたらす。これによって神の怒りは究極に達する。七人の天使は各々七つの鉢を持ってきて、その中身を地上に注ぐ。これは神の怒りの象徴である。これらの災いはそれまでのものよりも巨大で苛烈である。七つの鉢による災いの大部分は出エジプト記におけるエジプトの災い（七～一〇章）をモデルにして形成されている。獣に従う人々は激しい苦しみを受けるが、それでも神を冒瀆し、悔い改めようとはしない。第七の鉢の中身が注がれると、バビロン、すなわち、ローマは三つに引き裂かれる。

2　重要な箇所の釈義

神の正しい裁き（一五・一～八）

火が混じったガラスの海のようなもの（二節）という言い回しは、難解である。「ガラスの海」については、七章三節で説明した（一九九～二〇〇頁参照）。カオス的な世界の象徴であった海が神によって変化して、ガラスのように平和なものになったということであろう（二一・一参照）。また「火」は神の怒り（一節）の象徴であろう。すなわち、真に平和な世界が実現する前には神の裁きが必要なのである。

七人の天使たちによる賛美の礼拝は、イスラエルの民が葦の海を渡った後で、神を賛美した出来事（出エジプト一五・一～二一）に対応している（詩七八・一二～一六、一〇六・七～一二、イザヤ五一・一〇参照）。

神の怒りに満ちた七つの鉢（一六・一～二一）

天使たちが受け取った「鉢」は本来、幕屋の祭壇で使用される道具であった（出エジプト二七・三）。またそれは純金で作られることもあった（歴代誌上二八・一七）。また鉢の原語は「フィアレー」φιάλη であるが、これは杯という意味もある。そして旧約では「（神の）怒りの杯を飲む」という表現がある（イザヤ五一・一七、エレミヤ四九・一二）。つまり、七つの鉢には、神の審判としての怒りが充満しているということである。

七つの鉢による災いの大部分は出エジプト記におけるエジプトの災い（七～一〇章）をモデルにして形成されている。第七の鉢による大粒の雹の災害は、出エジプト記の「雹の災い」

（九・二二～二五）のモティーフから形成されている。ただし、「稲妻、雷、大地震」の現象は、おそらく神の顕現に伴う現象を示しているのだろう（出エジプト一九・一六～一九）。

そして汚れた霊たちは全世界の王たちをヘブライ語で「ハルマゲドン」という場所に集める（一六節）。メギドの丘またはメギドの町という意味である。これはパレスチナの北西部にある地名で、旧約時代の古戦場である（士師五・一九）。黙示録ではここで「大いなる日の戦い」が予定されている（一四節）。すなわち、千年王国が終わると、「（神の）愛された都」の近くで神の軍勢とサタンのそれとが最終的に戦う（二〇・七～一〇）。「神の愛された都」とは、おそらく新しいエルサレムと同一であるから、メギドの丘またはメギドの町は、新しいエルサレムに近い場所であると解せられる。したがって、この地名は具体的な場所ではなく、象徴的な場所である。

3　神学的解釈

わたしはまた、天にもう一つの大きな驚くべきしるしを見た。七人の天使が最後の七つの災いを携えていた。これらの災いで、神の怒りがその極みに達するのである。（一五・一）

神の怒りは神の愛と矛盾しないのか。アンソニー・シセルトンの所見によれば、神の愛の反対語は神の怒りではなく、むしろ神の無関心である。神の怒りはしばしば治療上のもので、想像以上に救済的な要素を含む（第一コリント五・五）。また怒りは神の永久の特質ではない[122]（詩一〇三・八〜一二）。

すなわち、神は人間を愛するがゆえに悪の道を選ぼうとしている者を怒り、叱責し、善の道へと戻そうとするのである。

エーミール・ブルンナーの見解によると、人間が悔い改めない場合、つまり、神の恵みを拒否する場合、「神の怒り」（ヨハネ三・三六）が恐るべき現実として「留まる」のである。神の怒りの教説が誤りというのではなく、それは「恐るべき、無限の現実」である[123]。神はすべての人間を愛するがゆえに、悔い改めない人間を冷淡に放置するのではなく、その人間に対して怒りの炎を燃やさざるをえないのである。

ヨハネの黙示録において、神は反抗する人々を悔い改めさせるために七つの鉢から神の怒りを地上に注ぐ。しかし、それでも強情な者はかえって神を冒瀆し、悔い改めようとはしない。すなわち、このような者は与えられた悔い改めのチャンスをみすみす逃しているのである。

また神の愛は正義に裏付けられている。およそ正義という倫理を伴わない愛は不公平であり、偏向した主観に陥りやすい。不当な暴力や抑圧によって苦しんでいる人々を助けるために神は裁きを行い、邪悪な者に対して怒りの炎を燃やす（詩一〇・一八、一〇三・六、イザヤ五八・六）。

ここからわかるように、ヨハネの黙示録においても神の正義の表明として神の怒りの表象が提示されているのである。

第四節　ヨハネの黙示録の第六部（一七・一～一九・一〇）

1　概要

神に敵対していた「大淫婦」と呼ばれるバビロンは、栄耀栄華を誇り、悪行三昧をほしいままにしていたが、遂に神によって滅ぼされる。バビロンとはローマ帝国あるいはその幻影に潜む退廃的な文化を指す。大淫婦がまたがっている「赤い獣」は赤い竜を意味する。赤い竜に付いている七つの頭と十の角とは、各々七人の王と十人の王を表している。

赤い竜に従っている七人の王と十人の王は、大淫婦に反逆し、衣服を剥ぎ取って裸にし、その肉を食い、火で焼き尽くす。彼らは自分たちの支配を赤い竜に与えた。このことは神の計画のうちにあった。神がローマを裁くのである。

ローマの海運に従事していた人々は、その繁栄によって利益を得ていたから、ローマの崩壊を嘆き、大いに悲しむ。その反対に、天使たちはローマの滅亡を歓喜し、神の栄光をたたえる。それと共に二十四人の長老たちと四つの生き物が天国で礼拝を行う。

さらに小羊なるキリストの婚礼の日が到来する。そして大淫婦が紫と赤の衣を着ていたのに対して、花嫁である教会は、清楚で輝く麻の衣を着る。

2　重要な箇所の釈義

裁きの宣告（一七・一～一八）

天使の導きによってヨハネは、「赤い獣にまたがっている女」（三節）を見た。この女は「水の上に座り」、「大淫婦」「大バビロン」と呼ばれる。旧約の語法では、神に敵対する町は淫婦あるいは淫行の妻と呼ばれる（イザヤ一・二一、エゼキエル一六・三二）。というのは、イスラエルの神以外の神々に心を寄せ、偶像崇拝することは、霊的不貞、姦淫と見なされたからである（エレミヤ三・八～九、エゼキエル一六・三二以下）。

またバビロンは神に離反した都という旧約の観念が定着していた（イザヤ二一・九、エレミヤ五〇・二九、ダニエル四・二七～三〇）。ちなみに古代のバビロンは、ユーフラテス川が分岐している多くの運河に接していた。

そして黙示録ではバビロンは神に敵対するローマである。またローマでは女神ローマが崇拝されていて、これはローマの町を神格化した神である。そこでローマは女性としてたとえられている。

ヨハネによれば、ローマは偶像崇拝と堕落した文明の巣窟であるから、「大淫婦」と呼ばれる。しかも大淫婦は赤い獣にまたがっている。赤い獣はすでに登場していて（一三・一）、ローマの軍事力と政治力である。ローマの瀆神的で堕落した文明は、その軍事力と政治力によって支えられている。

また獣に生えている七つの頭はローマの歴代の皇帝、十本の角はローマと同盟している十人の王を指している。ただし、具体的な皇帝と王の名前を特定することはほとんど不可能である。新約学者の中で一致した見解はない。おそらくこれらの人数は象徴的な意味で使用されている。すなわち、歴代の皇帝全員という意味だろう。「十人の王」もダニエル書七章二四節の「十人の王」という数字を借用していると考えられる。

なお「第八の者」（一一節）とは、おそらく「六百六十六」という数字（一三・一八）で暗示されている「復活するネロ」を示唆しているのだろう。

このような力を背景にして、ローマはキリストの民を弾圧し、その命を奪った（一八・二〇、二四）。それゆえ、ローマに対して神の厳しい裁きが下るのである。

天使の告知（一八・一～二四）

天使はキリストの民に対して大バビロン、つまり、ローマから離れ去るように勧告する（四節）。これはローマという町から脱出するということではなく、むしろローマの偶像崇拝の宗教や退廃した文化から遠ざかることを意味する。

天国における賛美（一九・一～一〇）

旧約の語法では神は花婿、イスラエルは花嫁にたとえられる（イザヤ六二・五）。このたとえを準用して、新約ではキリストは花婿に、神の教会（真のイスラエル）は花嫁にたとえられる（マタイ二五・一〇、エフェソ五・二四）。ヨハネもこの語法を用いて小羊なるキリストを花婿に、教会を花嫁にたとえている（七節）。

また大淫婦が華美な衣と贅沢な装飾品を身にまとっていたのに対して（一七・四）、花嫁である教会は輝く清い麻の衣を着る（一九・八）。

3　神学的解釈

わたしは、赤い獣にまたがっている一人の女を見た。この獣は、全身至るところ神を冒涜する数々の名で覆われており、七つの頭と十本の角があった。（一七・三）

ヨハネの黙示録において大バビロン（ローマ）、二匹の獣、大淫婦は渾然一体となっている悪の勢力であり、その背後でサタンが操作している。そしてローマは、政治的権力の象徴として偶像崇拝を国民に強制する。

偶像崇拝とは人の手で作った神々の像を礼拝することである。ローマの神々が実在したかどうかは別にして、人の手で作った像そのものは、所詮物質に過ぎない。それにもかかわらず、そのようなものを拝むということは、拝んでいる人間の願望や想像の所産を偶像に投影しているに過ぎない。

したがって、偶像崇拝はむなしいものである。そして私たちは真の神に仕えるのか、それとも偶像に仕えるのかという二者択一を迫られる。もしも真の神に仕えないとすれば、人間が作り上げたもの、すなわち、金銭、政治的権力(権力者)、学歴、社会的地位、享楽的生活などを偶像にしてそれに仕えることになる。

このようなことになれば、人間は無意識のうちに自分の作り上げたものに隷属し、自由を奪われていることになる。したがって、偶像崇拝は恐ろしいのであり、禁止されるべきなのである。

これらの災いに遭っても殺されずに残った人間は、自分の手で造ったものについて悔い改めず、なおも、悪霊どもや、金、銀、銅、石、木それぞれで造った偶像を礼拝することをや

めなかった。このような偶像は、見ることも、聞くことも、歩くこともできないものである。（黙示録九・二〇）

子たちよ、偶像を避けなさい（第一ヨハネ五・二一）。

（口絵11）「大淫婦バビロン」（ルター訳聖書一五三四年版より）

第五節　ヨハネの黙示録の第七部（一九・一一～二二・二一）

1　概要

世界の完全な終末が近づき、いよいよキリストが白い馬に乗った騎士として登場する。これはキリストの再臨を意味する。第六章第三節で考察したように、ヨハネの黙示録のストーリーでは、キリストが歴史の中で千年の支配の前に現実に再臨する。すなわち、第七部においてキリストの再臨（一九章）→千年王国・第一の復活（二〇章）→最後の審判（二〇章）→新しい天と新しい地の実現（二一～二二章）という順番で幻が展開する。

キリストは神に敵対する諸国民を打ち倒し、彼らを治める。獣と偽預言者は捕らえられ、生きたまま硫黄の燃えている火の池に投げ込まれた。またサタンも捕捉され、千年間、底なしの淵に閉じ込められた。その後で、殉教者が復活し、キリストと共に千年間、世界を統治する。これが第一の復活である。

この千年が終わると、サタンは牢獄から解放され、暫くの間、跳梁跋扈《ちょうりょうばっこ》する。しかし、結局、天国から火が下って、サタンに従属する者は滅ぼされ、サタンは火と硫黄の池に投げ込まれた。

また死者は神の玉座の前で復活し、命の書に基づき、彼らの行いに応じて裁かれた。命の書に記されていない者は、火の池に投げ込まれた。これが第二の死であり、最後の審判である。そして遂に新しい天と新しい地（新しいエルサレム）が到来する。そしてヨハネは、「もはや死はなく、もはや悲しみも嘆きも労苦もない。最初のものは過ぎ去ったからである」という天の声を聞く。

その後で、ヨハネは聖なる都エルサレムの壮麗な光景を見る。都は神の栄光に輝いていた。その輝きは、最高の宝石のようであり、透き通った碧玉のようであった。都の城壁の土台石は、あらゆる宝石で飾られていた。もはや、呪われるものは何一つない。神と小羊の玉座が都にあって、神の僕《しもべ》たちは神を礼拝し、御顔を仰ぎ見る。彼らの額には、神の名が記されている。

最後にキリストは宣言する。「然り、わたしはすぐに来る」。そして「アーメン、主イエスよ、来てください」という応答と「主イエスの恵みが、すべての者と共にあるように」という祝祷で終結する。

2　重要な箇所の釈義

キリストの再臨（一九・一一～二一）

「白い馬に乗っている方」（一一節）とはキリストのことである。キリストがいよいよ再臨するということが預言されている。キリストの目は燃えさかる炎のようであるが、この外見はすでに一章一四節で述べられている。おそらくダニエル書に登場する「麻の衣を着た一人の人」（一〇・五～六）をモデルにしている。このようなキリストの容貌は、神の審判者としての役割を示唆している。

キリストは決定的に勝利した審判者として登場する。彼は血に染まった衣を身にまとっている（一三節）。これはイザヤ書の預言の成就を表している。そこでは神が敵対する諸国民を踏み砕き、その衣は返り血を浴びている（六三・三）。

しかし、その口から出ている鋭い剣（一五節）は、人間が使用する武器とは異なる。それは口から出ているので、神の言葉である。キリストは神の言葉（ヨハネ一・一）として万人を裁くのである（イザヤ四九・二参照）。

千年王国（二〇・一～六）

千年王国（復活したクリスチャンがキリストと共に千年間統治すること）に関しては、すでに第六章第三節で論述した（一六五～一六九頁参照）。

サタンの敗北（二〇・七～一〇）

ゴグとはマゴグの地の王である（八節）。エゼキエル書ではゴグは、大軍を率いてイスラエルを攻撃するが、敗北すると預言されている（三八～三九章）。マゴグはおそらくカスピ海とカフカス地方の間の領域であろう。

しかしヨハネはゴグもマゴグも人名として叙述している。これらは特定の人物を示すのではなく、キリストに反抗する勢力の象徴であろう。これらの勢力は天の火によって滅ぼされ、また悪魔も火と硫黄の池に投げ込まれて、永遠に滅ぼされる（一〇節）。

最後の審判（二〇・一一～一五）

「命の書」（一二節）は、ダニエル書における「あの書」（一二・一）をモデルにしている。ダニエル書では「多くの者が地の塵の中の眠りから目覚める。ある者は永遠の生命に入り、ある者は永久に続く恥と憎悪の的となる」（一二・二）。すなわち、多くの者が復活するが、その中で

「あの書」に記されている人々のみが、永遠の生命に入る。

ヨハネもこの死生観を踏襲している。最後の審判ではすべての者が復活するが、死者たちは命の書に書かれていることに基づき、また彼らの行いに応じてて裁かれる。

「陰府《よみ》」（一三節）の原語は「ハデース」ᾅδηςで、これは陰気な死の世界を指す。旧約思想では、ほとんどすべての死者が入る世界である（ヨブ七・九、詩六・六、八九・四九）。また新約でも陰府の世界が描かれている（ルカ一六・二三）。これは地獄ではなく、終末までの暫定的世界であると考えられる。黙示録でも陰府にいた死者たちは最後の審判において裁かれ、有罪の宣告を受けた者は、「火の池」（一四節）に投げ込まれる。これが地獄であり、第二の死、つまり、最終的な滅びである。

新しい天と新しい地（二一・一～八）

「新しい天と新しい地」（一節）は「新しいエルサレム」（二節）と同じ意味で、終末に実現する神によって刷新された世界である。その時には海もなくなる。カオス的な世界の象徴であった海が消滅して、平和なものになったということであろう。

「新しい天と新しい地」はイザヤ書で預言されていた世界であり（六五・一七、六六・二二）、第二ペトロ書でも述べられている。すなわち、「このように、すべてのものは滅び去るのですから、あなたがたは聖なる信心深い生活を送らなければなりません。神の日の来るのを待ち望み、また、それが来るのを早めるようにすべきです。その日、天は焼け崩れ、自然界の諸要素は燃え尽き、熔け去ることでしょう。しかしわたしたちは、義の宿る新しい天と新しい地とを、神の約束に従って待ち望んでいるのです」(三・一一～一三)。

終末以前の世界はすべて一時的なものであり、変化するが、「新しい天と新しい地」は永遠に変わらない世界である。

「おくびょうな者、不信仰な者、忌まわしい者、人を殺す者、みだらな行いをする者、魔術を使う者、偶像を拝む者、すべてうそを言う者、このような者たちに対する報いは、火と硫黄の燃える池である」(八節)と書かれているが、これらの者は具体的にどのような者なのか。

おそらく異教の信仰、なかんずく皇帝礼拝や偶像崇拝に妥協する人々であろう。彼らは臆病で皇帝礼拝や偶像崇拝の圧力に抵抗しないから、不信仰な者と同じである。「人を殺す者」とはローマの迫害に加担する者だろう。魔術は異教の信仰である。

また偶像崇拝が行われていた多くの神殿では、神殿娼婦がいたと伝えられているから、「忌まわしい者、みだらな行いをする者」とはそのような神殿に出入りする者を指すのだろう。

新しいエルサレムは正六面体であり、長さ、幅、高さはいずれも一万二千スタディオン（約二千二百二十キロメートル）である（二一・一六）。この大きさは、十二（部族、使徒）の千倍を意味するから、完全数を表す。ちなみにソロモンが建てたエルサレム神殿の内陣は正六面体であった（列王上六・二〇）。

また城壁は「百四十四ペキス」（約六五メートル）と書かれているが（二一・一七）、都の高さとは全く異なるので、城壁の厚さを意味しているのだろう。

ヨハネの幻視によると、新しいエルサレムは透き通ったガラスのような純金で、城壁の土台石は、様々な宝石で形成されている（二一・一八〜二一）。この情景は旧約の伝統に基づいて描写されていて、神の栄光を表現している。たとえば、神は都エルサレムに対して将来、「わたしはアンチモンを使ってあなたの石を積む。サファイアであなたの基を固め、赤めのうであなたの塔をエメラルドであなたの門を飾り、地境に沿って美しい石を連ねる（イザヤ五四・一一〜一二）」と約束する。

またエゼキエル書では、エデンは「ルビー、黄玉、紫水晶、かんらん石、縞めのう、碧玉、サファイア、ざくろ石、エメラルド」で装飾されている（二八・一三）。これらの宝石は、概ねイスラエルの大祭司の胸当てにはめられた宝石に相当する（出エジプト二八・一五〜二一）。

そして都の中にはもはや神殿はない。神とキリスト自身が神殿であるからである（二一・二二）。

天のエルサレムの実現によって、かつて失われたエデンの園が回復される。「水晶のように輝く命の水の川」と「命の木」の情景（二二・一～二）は、エゼキエル書の預言（四七・一～一二）の成就である。

このように新しいエルサレムは、エデンの園と聖なる都と神殿という三つの側面を持っている。すなわち、それは単なる自然の楽園ではなく、都市の機能としての文化をも兼ね備えている。したがって、終末後に実現する世界は、エデンの園の単純な再現ではない。

結論（二二・六～二一）

ヨハネは最後の箇所において次のような結論を述べている。

（1）以上の黙示が真実であることを天使が保証する。そしてキリスト自身が「私はすぐに来る」と宣言する（六、七、一二、二〇節）。この宣言は三章一一節の繰り返しであり、特に二二章で三回も述べられているから、その真実性と現実性が強調されている。

（2）聖書の神、すなわち、父・子（キリスト）・聖霊という名前の神のみを礼拝すべきである。くれぐれも異教の神に警戒しなければならない。

（3）キリストは各人の行いに応じて裁く。自分の衣を小羊なるキリストの血によって洗って清めた者、つまり、贖われた者は、新しいエルサレムに入って、永遠の命を受ける（七・

一四参照）。
（4）この書物に書かれている言葉に何かを付け加えたり、その言葉から何かを削除してはならない。

3　神学的解釈

死者たちは、これらの書物に書かれていることに基づき、彼らの行いに応じて裁かれた。（二〇・一二）

ルターやカルヴァンなどの宗教改革者たちは、ヨハネの黙示録に批判的な評価を下していた。というのも、黙示録では贖罪論よりも生前のわざに応じた裁きが強調されているからである。キリストが十字架の血によって万人を罪から解放したという贖罪論は確かにいくつかの箇所で述べられている（一・五、五・九、七・一四、二二・一二）。しかし、黙示録ではキリストの贖罪を信じて受け入れた者は、義と認められてもはや裁かれることがないという「信仰義認の教え」（ローマ三・二一～二六）が存在しない。またヨハネ福音書のようにキリストは人間を裁くためではなく、救うためにこの世に到来した（三・一六～一七）というアガペーの思想も希薄である。

全体的な記述において黙示録は救済よりも裁きを強調している印象を受ける。しかも最終局面において、生前のわざに応じた裁きが強調されているから（二〇・一三、二一・八、二七、二二・一一～一五）、結局、キリストの贖罪は有名無実になっているという批判を免れない。

このように解釈すれば、ヨハネの黙示録を福音的メッセージとして受け止めることは困難であろう。しかし、別の視点から考えれば、この書物におけるキリストの福音を見いだすことができる。

確かに私たちはキリストの十字架によってすべての罪から解放されている。そしてそのことを受け入れるだけで救われる。これがキリストの福音の本質である。しかし、現実の生活を振り返ってみると、私たちは相変わらず日々罪を重ねているのである。キリストの恵みによって罪を赦されたからといって、そのような生活が神によって是認されているわけではない。

そこでキリストによって罪を贖われた者も、人生において神に責任を負わねばならない。つまり、その人が本当に栄光と不滅のものを求めていることを神に実証するためによい行いが必要になる。[124] パウロも次のように教えている。

兄弟たち、あなたがたは、自由を得るために召し出されたのです。ただ、この自由を、肉に罪を犯させる機会とせずに、愛によって互いに仕えなさい。律法全体は、「隣人を自分のように愛しなさい」という一句によって全うされるからです。（ガラテヤ五・一三～一四）

さらにパウロは、「姦淫、わいせつ、好色、偶像礼拝、魔術、敵意、争い、そねみ、怒り、利己心、不和、仲間争い、ねたみ、泥酔、酒宴、その他このたぐい」を行う者は、神の国を受け継ぐことができないと断言している（同五・二〇〜二一）。

そこで黙示録では、キリストによって贖われた者は、むしろそれにふさわしい、正しい生き方を続けるべきであることが主張されているのである。キリストは「私はすぐに来る」と宣言している。この言葉は換言すれば、明日にでも起こるかもしれない最後の審判を意識して信仰生活を送らねばならないということである。そのような自覚によって私たちは真にキリストに従い、サタンの誘惑から逃れることができる。またそのことによって心底からの平安を得ることができる。それゆえ、黙示録の言葉も福音として聞こえてくるのである。

また第七章で論述したように、黙示録の直接の読者は、小アジアの七つの教会における信徒である。すなわち、ヨハネは教会論を基礎にして終末論を展開していると言っても過言ではない。そして、第七章第二節で指摘したように、七つの教会は普遍的で全体的な教会をも意味するから、小アジアの七つの教会に宛てた手紙は、全世界の教会に宛てた手紙でもある（一八九頁参照）。

したがって、今日の教会もまた小アジアの七つの教会と同じ立場に立って、黙示録の重要なメッセージを周囲の人々に伝える責務を負っているのである。そのメッセージとは、キリストの再臨と審判は間違いなく実現するということである。そして教会は毎週の礼拝において、天上の礼拝と共鳴しつつ、「アーメン、主イエスよ、来てください」と祈らねばならない。

以上の神学的考察が本書の教会論と終末論の結論である。

（口絵12）「新しいエルサレム」（アルメニア語の写本一六四五年版より）では、父なる神と聖霊と小羊なるキリストが描かれている。またキリストから命の川が流れ出ている。キリストが永遠の命の源であるからである。他方で新しいエルサレムの城壁の外側では浄化と精錬の火が燃えさかっている。キリストに従う者は、この火をくぐり抜けねばならない（第一コリント三・一〇〜一五参照）。

注

（1）高橋虔ほか監修『新共同訳　旧約聖書注解Ⅱ』日本基督教団出版局、一九九四年、三二五頁。
（2）William L. Lane, The Gospel of Mark: The New International Commentary on the New Testament: Eerdmans, 1974, p. 55.
（3）Ibid., pp. 57-58.
（4）Idem.
（5）Ibid., pp. 60-62.
（6）織田昭編『新約聖書　ギリシア語小辞典』教文館、二〇〇六年、三六九頁。
（7）ハンス・キュンク『教会論（上）』石脇慶総ほか訳、新教出版社、二〇〇三年、七七～八〇頁。
（8）『ブルンナー著作集第四巻』近藤勝彦ほか訳、教文館、一九九八年、四四頁。
（9）ハンス・キュンク、前掲書、一三〇頁。
（10）Gerald F. Hawthorne, Philippians: Word Biblical Commentary, vol. 43: Word Books, 1983, pp. 82-84; Gordon D. Fee, Paul's Letter to the Philippians: The New International Commentary on the

New Testament: Eerdmans, 1995, pp. 203-205.

(11) Gordon D. Fee, op. cit., p. 206.

(12) 織田昭編、前掲書、三一二頁。

(13) アラン・リチャードソン『新約聖書神学概論』渡辺英俊ほか訳、日本基督教団出版局、二〇〇七年、四二五頁。

(14) Dietrich Bonhoeffer, Sanctorum Communio. Eine dogmatische Untersuchung zur Soziologie der Kirche, 2. Aufl.: Chr. Kaiser Verlag, 2005, S. 86.

(15) Philip Schaff (ed.), The Creeds of Christendom with a History and Critical Notes, vol. 2: Baker Books, 1993, p. 59.

(16) Philip Schaff (ed.), The Creeds of Christendom with a History and Critical Notes, vol. 3: Baker Books, 1993, pp. 11-12.

(17) ハンス・キュンク『教会論(下)』石脇慶総ほか訳、新教出版社、二〇〇三年、三三一～三三六頁。

(18) 同書、一一〇頁。

(19) 日本基督教協議会文書事業部・キリスト教大事典編集委員会編『キリスト教大事典(改訂新版)』教文館、一九九五年、四八六頁。

(20) A・ジンマーマン監修『デンツィンガー／シェーンメッツァー カトリック教会文書資料集(改訂版)』浜寛五郎訳、エンデルレ書店、一九九二年、四五八～四五九頁。

(21) 日本聖書学研究所編『聖書外典偽典第七巻(新約外典Ⅱ)』教文館、一九九八年、三四～八八頁。

(22) ウルリヒ・ルツ『マタイによる福音書8―17章』(『EKK新約聖書註解Ⅰ／2』小河陽訳、教文館、一九九七年、六一七頁。

（23）ジョン・メイエンドルフ『ビザンティン神学』鈴木浩訳、新教出版社、二〇〇九年、一五六〜一五七頁。

（24）ウルリヒ・ルツ、前掲書、五九一頁。

（25）日本基督教協議会文書事業部・キリスト教大事典編集委員会編『キリスト教大事典（改訂新版）』四四三頁。

（26）A・ジンマーマン監修『デンツィンガー／シェーンメッツァー　カトリック教会文書資料集（改訂版）』二八八〜二八九、三三〇頁。

（27）同書、二〇〇頁。

（28）同書、二四六、三〇七頁。

（29）トマス・アクィナス『神学大全第四一冊』（第三部・第六十一問題・第一項）稲垣良典訳、創文社、二〇〇二年、三二一〜三二三頁。

（30）Philip Schaff（ed.）, The Creeds of Christendom with a History and Critical Notes, vol. 3, pp. 660-661.

（31）ジョン・ハードン編『カトリック小事典』浜寛五郎訳、エンデルレ書店、二〇〇〇年、九〇〜九一頁。

（32）A・ジンマーマン監修、前掲書、二四五頁。

（33）同書、二四六頁。

（34）同書、二九三〜二九七頁。

（35）同書、二九三頁。
（36）ジャン・カルヴァン『キリスト教綱要Ⅲ／1』渡辺信夫訳、新教出版社、二〇〇二年、一一八頁。
（37）Gerald L. Borchert, John 12-21: The New American Commentary, vol. 25B: B&H Publishing Group, 2002, pp. 310-311.
（38）A・ジンマーマン監修、前掲書、三〇九頁。
（39）同書、三一二頁。
（40）同書、二九九頁。
（41）同書、二九九頁。
（42）アラン・リチャードソン『新約聖書神学概論』五六九頁。
（43）キリスト教の人間論に関しては、拙著『キリストの道』冬弓舎、二〇一一年、一三三頁以下を参照。
（44）立川武蔵『空の思想』講談社（講談社学術文庫）、二〇〇三年、二一頁。
（45）ハンス・キュンク『教会論（上）』三三六頁。
（46）河合一充編著『ユダヤ人イエスの福音』ミルトス、二〇一二年、一二五～一二八頁。
（47）Horst Balz and Gerhard Schneider（ed.）, Exegetical Dictionary of the New Testament, vol. 1: Eerdmans, 1999, p. 85.
（48）François Bovon, Das Evangelium nach Lukas 19, 28-24, 53: Evangelisch-Katholischer Kommentar zum Neuen Testament, Bd. III/4. : Neukirchener/Patmos, 2009, S. 246.
（49）ジャン＝ジャック・フォン・アルメン『聖餐論』土居真俊ほか訳、日本基督教団出版局、二〇〇六年、三一二頁。

(50) アラン・リチャードソン『新約聖書神学概論』六一七、六二三頁。
(51) ジャン＝ジャック・フォン・アルメン、前掲書、三四頁。
(52) ヤロスラフ・ペリカン『キリスト教の伝統第五巻』鈴木浩訳、教文館、二〇〇八年、二〇六頁。
(53) 同書、二一二～二一三頁。
(54) ウィリアム・ジェイムズ『宗教的経験の諸相（上）』桝田啓三郎訳、岩波書店（岩波文庫）、一九六九年、一二二頁。
(55) ジャン＝ジャック・フォン・アルメン、前掲書、一八五頁。
(56) 荒井献編『使徒教父文書』講談社（講談社文芸文庫）、一九九八年、七四頁。
(57)『神の国（五）』（『アウグスティヌス著作集第一五巻』松田禎二ほか訳、教文館、一九九四年、三八〇頁。
(58)『神の国（三）』（『アウグスティヌス著作集第一三巻』泉治典訳、教文館、一九九五年、三七頁。
(59) J. Ramsey Michaels, The Gospel of John: The New International Commentary on the New Testament: Eerdmans, 2010, p. 391. 伊吹雄『ヨハネ福音書注解Ⅱ』知泉書館、二〇〇七年、一三〇～一三五頁。
(60) Idem.
(61) Horst Balz and Gerhard Schneider (ed.), Exegetical Dictionary of the New Testament, vol. 3: Eerdmans, 1994, pp. 230-233.
(62) J. Ramsey Michaels, op. cit., p. 392.
(63) Ibid., p. 409.

(64) ハンス・キュンク『教会論(上)』三四七～三四九頁。
(65) 荒井献編『使徒教父文書』一八九頁。
(66) 同書、二〇二頁。
(67) ヤロスラフ・ペリカン『キリスト教の伝統第一巻』鈴木浩訳、教文館、二〇〇六年、二三五頁。
(68) 荒井献編、前掲書、一六八頁。
(69) ヤロスラフ・ペリカン、前掲書、二三五、二三八頁。
(70) 同書、三一九頁。
(71) Religion in Geschichte und Gegenwart (=RGG), 4. Aufl., Bd. 1, Tübingen: J. C. B. Mohr, 1998, S. 19.
(72) ジャン＝ジャック・フォン・アルメン『聖餐論』四一～四八頁。
(73) ウィリアム・R・クロケット『ユーカリスト―新たな創造』竹内謙太郎監修、聖公会出版、二〇一四年、六三頁。
(74) ジャン＝ジャック・フォン・アルメン、前掲書、四八頁。
(75) ウィリアム・R・クロケット、前掲書、八九頁。
(76) ジョン・ハードン編『カトリック小事典』六九頁。
(77) ヤロスラフ・ペリカン『キリスト教の伝統第三巻』鈴木浩訳、教文館、二〇〇七年、一三八～一四三頁。
(78) A・ジンマーマン監修『デンツィンガー／シェーンメッツァー　カトリック教会文書資料集(改訂版)』一八六頁。

(79) 同書、二四七頁。
(80) 同書、二八九頁。
(81) 同書、三〇六頁。
(82) トマス・アクィナス『神学大全第四三冊』(第三部第七五問題第一項〜第四項)稲垣良典訳、創文社、二〇〇五年、五〇〜六九頁。
(83) アレクサンドル・シュメーマン『ユーカリスト—神の国のサクラメント—』松島雄一訳、新教出版社、二〇〇八年、四九〜五〇頁。
(84) ヤロスラフ・ペリカン『キリスト教の伝統第二巻』鈴木浩訳、教文館、二〇〇六年、三八四〜三八五頁。クレメンスとはアレクサンドリアのクレメンス(一五〇頃〜二一五頃)のことでギリシア教父の一人。またバシレイオス(三三〇頃〜三七九)もギリシア教父の一人。
(85) アレクサンドル・シュメーマン『世のいのちのために—正教会のサクラメントと信仰—』松島雄一訳、新教出版社、二〇〇三年、四三〜四四頁。
(86) アレクサンドル・シュメーマン『ユーカリスト—神の国のサクラメント—』二四七〜二五〇、三二三頁。
(87) ウィリアム・R・クロケット、前掲書、一九三〜二〇〇頁。
(88) 同書、二〇二〜二一三頁。
(89)『キリスト教綱要Ⅳ/2』(第四編第一七章第一〜三三節)渡辺信夫訳、新教出版社、二〇〇二年、七七〜一三六頁。
(90) Philip Schaff (ed.), The Creeds of Christendom with a History and Critical Notes, vol. 3, pp. 135-

146.

(91) Ibid., pp. 663-667.

(92) 日本基督教協議会文書事業部・キリスト教大事典編集委員会編『キリスト教大事典（改訂新版）』五一七頁。

(93) ニコラス・トーマス・ライト『驚くべき希望』中村佐知訳、あめんどう、二〇一八年、二一一〜二一三頁。

(94) エルンスト・ブロッホ『希望の原理第三巻』山下肇ほか訳、白水社、一九八二年、四四五頁。

(95) 二間瀬敏史『宇宙の始まりと終わり』ナツメ社、二〇一一年、一四二頁以下。

(96) Anthony C. Thiselton, Life after Death. A New Approach to the Last Things: Eerdmans, 2012, pp. 2-6.

(97) Hans Schwarz, Eschatology: Eerdmans,2000, pp. 257-261.

(98) Philip Schaff (ed.) , The Creeds of Christendom with a History and Critical Notes, vol. 3, pp. 670-671.

(99) ニコラス・トーマス・ライト、前掲書、九九〜一〇〇、一二九頁。

(100) 同書、二〇二〜二〇三頁。

(101) Robert C. Doyle, Eschatology and the Shape of Christian Belief, Paternoster Press, 1999, pp. 42-45.

(102) 日本聖書学研究書編『聖書外典偽典第四巻（旧約偽典Ⅱ）』教文館、一九九八年、一九二頁。

(103) 岡山英雄『小羊の王国』いのちのことば社、二〇一六年、二〇八〜二一六頁。Gorge Eldon Ladd,

The Last Things. An Eschatology for Laymen: Eerdmans, 1978, pp. 165-169.

(104) アウグスティヌス『神の国(五)』一二六頁。

(105) 同書、一一六頁。

(106) エドワルト・ローゼ『ヨハネの黙示録』(『NTD新約聖書註解第一一巻』)高橋三郎ほか訳、ATD・NTD聖書註解刊行会、一九七三年、二〇四頁。日本聖書学研究書編『聖書外典偽典第五巻(旧約偽典Ⅲ)』教文館、二〇〇〇年、一八五頁。第四エズラ書は、カトリックでは旧約聖書続編エズラ記(ラテン語訳)である。

(107) Gorge Eldon Ladd, op. cit., pp. 131-133.

(108) Robert C. Doyle, op. cit., p. 41.

(109) M・E・ボーリング『ヨハネの黙示録』(『現代聖書注解』)入順子訳、日本基督教団出版局、一九九四年、二二六頁。

(110) 山口昇監修『エッセンシャル聖書辞典』いのちのことば社、一九九八年、六一三頁。

(111) R・ボウカム『ヨハネ黙示録の神学』(『叢書新約聖書神学第一五巻』)小河陽ほか訳、新教出版社、二〇〇一年、一〇頁。

(112) 日本聖書学研究書編『聖書外典偽典第四巻(旧約偽典Ⅱ)』一七一頁。

(113) エドワルト・ローゼ『ヨハネの黙示録』一〇頁。

(114) エドワルト・ローゼ『新約聖書の周辺世界』加山宏路ほか訳、日本基督教団出版局、二〇一五年、二七五~二七八頁。

(115) 半田元夫ほか『キリスト教史Ⅰ』(『世界宗教史叢書第一巻』)山川出版社、一九七七年、一三〇~

一三二頁。荒井献編『使徒教父文書』八二頁。

(116) ヨハネの黙示録に関する釈義は、すでに提示した文献以外に、G. K. Beale, The Book of Revelation: Eerdmans, 1999 の註解に基づいている。

(117) 釈義に関しては、M・E・ボーリング『ヨハネの黙示録』(『現代聖書注解』)、R・ボウカム『ヨハネ黙示録の神学』(『叢書新約聖書神学第一五巻』)、エドワルト・ローゼ『ヨハネの黙示録』(『NTD新約聖書註解第一一巻』)、G. K. Beale, The Book of Revelation、山口昇監修『エッセンシャル聖書辞典』、織田昭編『新約聖書　ギリシア語小辞典』を参照した。

(118) 日本聖書学研究所編『聖書外典偽典別巻補遺I』教文館、二〇〇一年、一八五頁。

(119) オリゲネス『諸原理について』小高毅訳、創文社、一九七八年、九八頁。

(120) A・ジンマーマン監修『デンツィンガー／シェーンメッツァー　カトリック教会文書資料集（改訂版）』一八六頁（DS八〇〇番）。

(121) M・E・ボーリング『ヨハネの黙示録』(『現代聖書注解』)二五六頁。

(122) Anthony C. Thiselton, Life after Death. A New Approach to the Last Things, p. 156.

(123) 『ブルンナー著作集第二巻』熊澤義宣ほか訳、教文館、一九九七年、二一三〜二一四頁。

(124) Gorge Eldon Ladd, The Last Things. An Eschatology for Laymen, pp. 131-132.

松田 央（まつだ・ひろし）

1954年生まれ。慶應義塾大学法学部を経て、同志社大学大学院神学研究科で学ぶ。神戸女学院大学名誉教授。日本基督教団正教師・博士（神学）。
主な著書：『キリスト論』（南窓社、2000年）、『信じること、疑うこと』（冬弓舎、2005年）、『キリスト教の基礎』（キリスト新聞社、2007年）、『世の光キリスト』（キリスト新聞社、2008年）、『キリストの道』（冬弓舎、2011年）、『信仰の基礎としての神学』（新教出版社、2018年）など。

教会論と終末論
サクラメントと終末論を視野に入れた教会論

2024年2月28日　第1版第1刷発行

著　者……松田　央

発行者……小林　望
発行所……株式会社新教出版社
〒162-0814 東京都新宿区新小川町9-1
電話（代表）03 (3260) 6148
振替 00180-1-9991
印刷・製本……モリモト印刷株式会社

ISBN 978-4-400-31098-3　C1016